樊丽明 石绍宾 主编

国家预算治理
大讲堂
（2022）

马海涛
王浦劬
刘尚希
朱大旗
钟晓敏
马蔡琛
刘剑文
林慕华
吕冰洋

主讲

中国财经出版传媒集团
中国财政经济出版社

图书在版编目（CIP）数据

国家预算治理大讲堂.2022/樊丽明，石绍宾主编.--北京：中国财政经济出版社，2023.7

ISBN 978-7-5223-2291-9

Ⅰ.①国… Ⅱ.①樊…②石… Ⅲ.①国家预算－预算管理－中国 Ⅳ.①F812.3

中国国家版本馆CIP数据核字（2023）第101750号

责任编辑：闫　娟　　　　　责任印制：刘春年
封面设计：陈宇琰　　　　　责任校对：张　凡

国家预算治理大讲堂（2022）
GUOJIA YUSUAN ZHILI DA JIANGTANG（2022）

中国财政经济出版社 出版

URL：http://www.cfeph.cn
E-mail：cfeph@cfeph.cn

（版权所有　翻印必究）

社址：北京市海淀区阜成路甲28号　邮政编码：100142
营销中心电话：010-88191522
天猫网店：中国财政经济出版社旗舰店
网址：https://zgczjjcbs.tmall.com
北京财经印刷厂印刷　各地新华书店经销
成品尺寸：170mm×240mm　16开　16.75印张　173 000字
2023年7月第1版　2023年7月北京第1次印刷
定价：68.00元
ISBN 978-7-5223-2291-9
（图书出现印装问题，本社负责调换，电话：010-88190548）
本社图书质量投诉电话：010-88190744
打击盗版举报热线：010-88191661　QQ：2242791300

目录

第一讲
新时代中国政府预算改革走向 / 马海涛
- 4   一、政府预算制度改革阶段性成效（2014—2020年）
- 17   二、新时代新格局背景下预算制度面临的新问题
- 24   三、深化预算管理制度改革的思路与举措

第二讲
国家治理现代化的基本问题 / 王浦劬
- 34   一、什么是中国的国家治理？
- 37   二、什么是中国的国家治理现代化？
- 40   三、如何实现中国的国家治理现代化？

第三讲
国家预算的底层逻辑：风险预期 / 刘尚希
- 48   一、国家预算的定义
- 55   二、国家预算的终极含义是"预算"未来风险
- 63   三、当前国家预算存在的问题
- 66   四、国家预算改革的方向

第四讲
现代预算权体系中的人民主体地位 / 朱大旗
- 72   一、今昔预算目的之差异
- 75   二、预算权力格局之转变
- 79   三、人民主体地位的预算法表达

第五讲
基层政府预算的共治善治：以浙江温岭"参与式预算"为例 / 钟晓敏

- 96 　一、"参与式预算"的萌芽——民主恳谈
- 98 　二、温岭"参与式预算"的产生和发展
- 102 　三、温岭"参与式预算"的主要做法
- 113 　四、温岭"参与式预算"的特色
- 119 　五、一点体会：温岭"参与式预算"的共治与善治

第六讲
新时代政府预算绩效管理的现实与前瞻 / 马蔡琛

- 128 　一、"预算"一词的由来
- 129 　二、预算绩效管理的时代背景
- 131 　三、中国预算绩效管理的"两阶段"假说
- 132 　四、从传统绩效预算走向现代绩效预算
- 136 　五、预算绩效管理需要处理好的几个问题
- 138 　六、预算绩效管理面临的主要挑战
- 140 　七、将全面实施预算绩效管理落到实处

第七讲
落实税收法定原则的意义与路径 / 刘剑文

- 148 　一、税收法定原则的核心要义
- 154 　二、税收法定原则的基本内涵
- 159 　三、落实税收法定原则的成就与不足
- 163 　四、税收法定原则的实现路径
- 164 　五、落实税收法定原则的两点建议

第八讲
新时代中国地方人大预算监督：创新与挑战 / 林慕华

- 176　一、故事的起点：人大预算监督的兴起
- 179　二、故事的发展：人大预算监督的创新
- 187　三、广州的故事：大背景下的个案研究
- 194　四、故事的继续：人大预算监督的挑战

第九讲
政府预算管理体制的运行逻辑 / 吕冰洋

- 202　一、政府预算管理体制的架构与一般理论
- 209　二、大国财政体制的理论与实施原则
- 216　三、中国财政体制运行的逻辑
- 228　四、财政体制改革方向

"健全现代预算制度研究"论坛观点摘编

- 239　关于预算制度改革的几点思考 / 刘尚希
- 243　加快预算改革的基础工程建设 / 杨志勇
- 245　健全现代预算制度：回顾与前瞻 / 樊丽明
- 247　疫情对OECD国家预算影响的政治经济学分析 / 何达基
- 249　健全现代预算制度的对象及路径 / 李　明
- 250　健全现代预算制度的重要领域与关键环节 / 李一花
- 254　以协商民主推动地方人大预算监督能力提升 / 周振超

- 258　后　记

国家预算治理
大讲堂

马海涛

经济学博士,现任中央财经大学党委副书记,校长,教授,博士生导师,国务院政府特殊津贴专家,国家文化名家"四个一批"人才,国家"万人计划"领军人才,"新世纪百千万人才工程"国家级专家,北京市教学名师、财政部跨世纪青年学科带头人、首都劳动奖章获得者。兼任全国资产评估专业学位研究生教育指导委员会副主任委员、中国财政学会副会长、全国预算与会计研究会副会长、中国法学会财税法研究会副会长、中国税务学会学术委员、全国高校财政学教学研究会理事长、全国高校预算管理研究会会长。国家社科基金重大攻关项目首席专家。发表学术论文200余篇,主持30余项省部级课题研究,出版学术专著10余部、教材12本,10余项成果获省部级奖励。曾参加国务院总理主持的经济形势分析专家座谈会。

第一讲 新时代中国政府预算改革走向*

内容提要

党的十八届三中全会以来,我国全面深化财税体制改革取得了重大进展,现代财政制度建设迈出了实质性步伐,研究制定深化了财税体制改革总体方案并基本搭建起现代预算管理制度的主体框架。当前,我国正处于百年未有之大变局之际,实现中华民族伟大复兴的关键时期,新时代新发展格局下预算管理制度改革面临着诸多新的问题,如预算资源统筹能力有限,在稳妥应对政府财政可持续发展压力方面有待加强;预算对国家重大战略的支撑保障有限;支出标准建设总体滞后;预算约束和绩效机制不够完善;预算协同管理水平存在瓶颈等。针对这些问题,建议从"强化统筹"入手提高财力统筹能力、从"突出绩效"入手提高资源配置能力、提高预算执行管理能力、提高风险防控能力、提高协同管理能力五个方面同步发力,力争以"小切口"推动"大变革",牵引带动政府治理效能持续提升。

---

* 这是马海涛教授2022年3月26日在国家预算治理大讲堂的演讲稿,根据录音整理,并经本人审阅。

现代预算制度是中国特色社会主义制度的重要组成部分。党的十八大以来，我国研究制定了深化财税体制改革总体方案，并基本搭建起现代预算管理制度的主体框架，包括完善政府预算体系、实施中期财政规划管理、完善转移支付制度、深入推进预算公开、严格加强地方政府债务监管、全面推进预算绩效管理、引入财政资金直达机制、启动预算管理一体化改革、发布《中华人民共和国预算法实施条例》等九大举措。但在新发展阶段、新发展理念、新发展格局的背景之下，我国预算管理仍面临预算资源统筹能力不够全面、预算对国家重大战略的支撑保障有限、支出标准建设总体滞后、预算约束机制不够完善、预算协同管理水平存在瓶颈等问题，值得深入研究。针对上述问题，结合《关于进一步深化预算管理制度改革的意见》（国发〔2021〕5号）的要求，围绕强化预算财力统筹能力、强化预算资源配置能力、强化预算执行管理、加强风险防控、强化预算协同管理能力五个方面，谈谈持续深化预算改革的一些思考。

一、政府预算制度改革阶段性成效（2014—2020年）

从2013年党的十八届三中全会通过《中共中央关于全面深化改革若干重大问题的决定》（以下简称《决定》），到2021年深化财政体制改革取得重大进展，现代财政制度建设迈出了实质性步伐。党的十八届三中全会通过的《决定》中提出，要推进国家治理体系和治理能力现代化的全面改革。在这个《决定》中专门有一个章节，对深化财政体制改革和建立现代财政制度作出了部署。这个《决定》是具有里程碑意义的纲领性文件，它主要包括16部分、60个条款，其中财税改革的部分有3条，占的篇幅比较大，与财税改革直接相关的内容还有7个部分分散在其他条款中，例如，提高国有资本收益上缴公共财政比例的相关内容体现在第六条"积极发展混合所有制经济"中；严格控制财政供养人员总量的有关内容体现在第十六条"优化政府组织结构"中；建立财政转移支付同农业转移人口市民化挂钩机制有关内容体现在第23条"完善城镇化健康发展体制机制"中。

《决定》提出"财政是国家治理的基础和重要支柱，科学的财税体制是优化资源配置、维护市场统一、促进社会公平、实现国家长治久安的制度保障。必须完善立法、明确事权、改革税制、稳定税负、透明预算、提高效率，建立现代财政制度，发挥中央和地方两个积极性"。深化财税体制改革的总目标是建立现代财政制度。现代财政制度是国家治理现代化的重要基础，是规范政府与市场、政府与社会、中央和地方关系的一系列财政制度。现代财政制度由预算制度、税收制度、财政体制三个方面构成：一是建立全面公开透明规范的预算制度；二是税种科学、结构优化、法律健全、规范公平、征管高效的现代税收制度；三是建立事权和支出责任相适应的预算制度。这三个方面的内容，简单来说其实就是政府钱怎么收、怎么花的法定程序和制度安排问题。一方面钱怎么收、收入分配以及经济周期调节，属于筹集国家财政收入的职责；另一方面涉及各级政府承担什么责任，给它什么收入，才能把政府的事务完成得更好。

因此，财政部门在全面深化改革的进程中承担着大量的改革任务。党的十八届三中全会以来财政部到底承担多少和哪些改革任务？可以通过一组数字来直观反映：党的十八届三中全会、四中全会、五中全会提出的改革任务共673项，涉及财政部的改革任务共392项，其中，财政部第一牵头的改革任务49项，第二牵头的改革任务82项，参与的改革任务261项。党的十八届三中全会提出的改革任务共336项，涉及财政部的改革任务共205项，其中，财政部第一牵头的改革任务40项（原分工为39项，事权划分任务已于2015年由中央编办第一牵头改由财政部第一牵头），第二牵头的改革任务36项，参与的改革任务129项。党的十八届四中全会提出的改革任务共190项，涉及财政部的改革任务共57项，其中，财政部第一牵头的改革任务1项（推进事权划分规范化、法治化任务），第二牵头的改革任务5项，参与的改革任务51项。党的十八届五中全会提出的改革任务共147项，涉及财政部的改革任务共130项，其中，财政部第一牵头的改革任务8项，第二牵头的改革任务41项，参与的改革任务81项。

近年来，按照党中央、国务院部署，财政部积极推进以改进预算管理、完善税收制度以及建立事权和支出责任相适应的制度为核心内容的财税体制改革，取得了重大成效，现代财政制度建设迈出实质性步伐。

（一）研究制定深化财税体制改革总体方案

按照党的十八届三中全会部署，深化财税体制改革要以改进预算管理、完善税收制度、建立事权与支出责任相适应的制度为重点，加快建立有利于优化资源配置、维护市场统一、促进社会公平、实现国家长治久安的可持续的现代财政制度。这是一场关系国家治理现代化的深刻变革，既要加强顶层设计，增强改革的整体性、系统性和协调性；也要细化政策操作，准确把握各项改革措施出台的时机、力度和节奏，增强改革的针对性、有效性和执行力。

中央高度重视财税体制改革工作，习近平总书记多次听取汇报并作出重要指示，强调"财政是国家治理的基础和重要支柱"，"这次全面深化改革，财税体制改革是重点之一"。国务院总理明确要求"抓好财税体制改革这个重头戏"。国务院副总理亲自组织指导深化财税体制改革总体方案的研究起草工作。

2014年6月30日，中央政治局会议审议通过了《深化财税体制改革总体方案》。这是党的十八届三中全会召开后，中央较早制定的具有系统设计性质的改革方案，是我们党指导现代财政制度建设的最新理论成果，是今后一个时期财政改革发展和财政工作的行动纲领。

从逻辑上看，预算管理制度改革是基础、要先行；收入划分改革需在相关税种税制改革基本完成后进行；而建立事权与支出责任相适应的制度需要量化指标并形成有共识的方案。整体改革任务重、难度大、时间紧。2014年和2015年是关键，预算制度改革取得决定性进展，税制改革在立法推进方面取得明显进展，财政体制改革基本达成共识。2016年基本完成深化财税体制改革的重点工作和任务，2020年各项改革基本到位，现代财税制度基本建立。

（二）基本搭建起现代预算管理制度的主体框架

经过各方面共同努力，2014年8月31日，全国人大常委会审议通过了《关于修改〈中华人民共和国预算法〉的决定》，并重新颁布修订后的《预算法》，自2015年1月1日起施行。新《预算法》的出台是现代财政制度建设具有里程碑意义的一件大事，其在提高预算透明度、完善政府预算体系、改进预算控制方式、规范地方政府债务管理等方面都有重大突破，这标志着我国建立全面规范、公开透明的现代预算管理制度迈出了决定性一步。

为贯彻落实新《预算法》，财政部陆续推动出台了《国务院关于加强地方政府性债务管理的意见》《国务院关于深化预算管理制度改革的决定》《权责发生制政府综合财务报告制度改革方案》《国务院关于实行中期财政规划管理的意见》，以及《中共中央办公厅 国务院关于进一步推进预算公开工作的意见》等重大改革文件和相关配套措施，2020年8月《预算法实施条例》出台，已基本搭建起现代预算管理制度的主体框架。

具体而言，2014—2020年，按照党中央、国务院部署，财政部以《预算法》修订作为突破口推进财税体制改革，主要进行了以下九个方面的重大改革，在建立"全面规范透明、标准科学、约束有力"的现代预算制度方面，取得了重大成效。

1.完善政府预算体系

一是加大政府性基金预算转列一般公共预算的力度。在2015年已将11项政府性基金收支转列一般公共预算的基础上，自2016年1月1日起，将水土保持补偿费、政府住房基金、无线电频率占用费、铁路资产变现收入、电力改革预留资产变现收入5项基金转列一般公共预算。自2017年1月1日起，将新增建设用地土地有偿使用费、南水北调工程基金、烟草企业上缴专项收入3项基金调整转列一般公共预算，并清理一般公共预算中以收定支事项，取消排污费、水资源费、国家留成油上缴收入等以收定支、专款专用的规定。二是推动国有资本经营预算与一般公共预算的统筹协调。加大国有资本经营预算调入一般公共预算的力度，2016年调入比例达到19%，2020年进一步提高至30%，并逐年提高调入比例。三是推动专项收入统筹使用。2016年取消城市维护建设税及矿产资源补偿费、探矿权采矿权使用费和价款、草原植被恢复费、海域使用金等专项收入专款专用，对相关领域支出统筹安排。

2.实施中期财政规划管理

一是经国务院同意印发了2016—2018年全国中期财政规划，并研究编制2017—2019年全国中期财政规划。二是按照《财政部关于推进中央部门中期财政规划管理的意见》（财预〔2015〕43号），指导中央部门编制三年滚动支出规划。三是按照《财政部关于贯彻落实国务院决策部署 推动地方实行中期财政规划管理的通知》（财预〔2015〕38

号），引导地方省级政府做好中期财政规划，提高财政政策的前瞻性和可持续性，充分发挥中期规划对年度预算编制的指导和约束作用。

3. 完善转移支付制度

一是增加一般性转移支付规模和比例。一般性转移支付占转移支付比例已由2013年的56.7%逐步提高至目前的62%，增强了地方财政统筹能力和自主性。加大均衡性转移支付规模，大幅增加对老少边穷地区的转移支付，提高了地方保工资、保运转、保基本民生的能力。二是加大专项转移支付清理整合力度。取消政策到期、任务完成或目标实现、绩效低下等已无必要继续实施以及市场竞争机制能够有效调节的专项，逐步取消竞争性领域专项，整合多头管理、同一方向或领域的专项，严控新设专项。2017年，专项转移支付个数进一步下降到76个，比2013年的220个减少144个，下降65.5%。三是加快转移支付制度建设。认真落实"一个专项只有一个管理办法"的规定，积极修改完善相关管理制度，逐步实现分配主体统一、分配办法一致、申报审批程序唯一等目标。四是加强转移支付预算公开和绩效管理。预算草案中转移支付分项目、分地区编制，并在全国人大批准后向社会公开。资金管理办法、分配结果等也逐步向社会公开。按照《财政部关于印发〈中央对地方专项转移支付绩效目标管理暂行办法〉的通知》（财预〔2015〕163号）的要求，不断规范专项转移支付绩效目标管理工作。

4. 深入推进预算公开

一是健全和完善预算公开制度。财政部报请中办、国办印发《关于进一步推进预算公开工作的意见》,制定地方预决算公开操作规程,从增强主体责任、强化公开意识、扩大公开范围、细化公开内容等方面,进一步推进预算公开工作,建立预算公开长效机制。

二是切实改进公开手段,增强公开实效。中央财政整合公开资源,落实"互联网+政务服务",在财政部网站建立"中央预决算公开平台",将中央政府预决算、中央部门预决算、中央对地方转移支付纳入平台,实行集中公开,同时在平台上公开预算制度,进行政策解读,提高公开实效,确保公众找得到、看得懂、能监督。

三是扎实开展中央预算公开工作。2016年中央财政公开中央预算报告及19张报表,包括中央一般公共预算、政府性基金预算、国有资本经营预算。其中,中央税收返还、一般性转移支付、专项转移支付分地区公开、按项目公开,公开中央财政国债余额情况、地方政府一般债务和专项债务限额表。2017年进一步细化公开内容,首次向社会公开了中央本级基建支出的具体项目和对地方转移支付的支出方向。

四是积极配合中央部门公开部门预算。制定中央部门预算公开方案和规范,规范公开工作;加快预算批复进度,促进部门提早公开预算。加强督促,推动中央部门落实主体责任,依法依规公开预算,以上率下,带动地方部门公开预算。2017年共有105个部门公开部门预算,公开工作呈现四个新特点:公开的时间比去年提前8天;公开部门又增加3个;教育、科技、环保等10个部门首次向社会公开重点项目文本和绩效目标;除在部门门户网站公开外,首次在财政部门户网站建立的专门平台、中国政府网设置的专门栏目集中公开。

五是扎实推动地方预算公开。截至2017年5月底，36个省（自治区、直辖市，计划单列市）、479个市（地、州）、2907个县级政府中，有3324个（省级36个、市级471个、县级2817个）公开预算，剔除部分地区人代会召开时间较晚等客观因素影响，省、市、县级政府预算公开率分别为100%、100%、99.3%。部门预算公开方面，截至2017年5月底，应当公开部门预算的部门（单位，下同）中，6169个省级政府部门有6166个公开，50461个市（地、州）级政府部门有50308个公开，229612个县级政府部门有225732个公开，剔除部分地区财政部门未批复部门预算因素，上述部门2017年预算公开率为98.58%，其中省级99.95%、市级99.69%、县级98.29%。

5.严格加强地方政府债务监管

一是构建地方政府债务管理法律和制度体系。通过修订《预算法》，赋予地方政府规范举债的权力，地方政府举债采取发行政府债券方式，严禁地方政府为任何单位和个人的债务以任何方式提供担保；国务院印发《关于加强地方政府性债务管理的意见》（国发〔2014〕43号），建立了"借、用、还"相统一的地方政府债务管理机制。

二是实行限额管理和预算管理。从2015年起每年提请全国人大批准地方政府债务限额，依法设置地方政府举债规模的"天花板"；将政府债务全部纳入预算管理，彻底改变以往地方政府债务游离于预算之外的局面。

三是锁定并置换存量政府债务。依法厘清融资平台公司等企业债务和政府债务的边界有序置换成地方政府债券，有效化解大规模到期债务集中偿还风险，平均每年降低地方政府利息负担4000亿元以上。

四是发行新增地方政府债券。经全国人大批准，2015—2017年分别新增地方政府债券6000亿元、11800亿元和16300亿元，有力支持地方稳增长、补短板；改进专项债券发行办法，发展项目收益与融资自求平衡的专项债券品种，2017年在土地储备、政府收费公路领域开展试点。

五是建立风险预警和应急处置机制。每年组织评估、预警、通报地方各级政府债务风险情况，督促高风险地区化解风险；经国务院同意，以国办名义印发《地方政府性债务风险应急处置预案》，由财政部印发《地方政府性债务风险分类处置指南》，扎实做好风险事件应急政策储备。

六是建立债务日常监督机制。发挥财政部驻各地专员办"就近监管"的优势，建立对地方政府债务的日常监督机制。组织核查部分市县、金融机构违法违规融资担保问题，分批公开曝光省级政府和监管部门问责处理结果，发挥警示教育作用。

6. 全面推进预算绩效管理

一是实现绩效目标管理全覆盖，促进"花钱"和"办事"相结合。2016年财政部组织力量对153个中央部门的全部2024个一级项目和93项中央对地方专项转移支付绩效目标进行集中会审，形成了包括产出数量、质量、时效、成本、经济效益、社会效益、生态效益、可持续影响以及服务对象满意度9个维度在内的规范化绩效指标体系，初步建立了绩效目标与预算资金"同步申报、同步审核、同步批复"的机制。

二是开展绩效监控试点，及时纠正执行偏差。2016年选择水利部、银监会、审计署、中组部、教育部等15个中央部门开展绩效监控试点，2017年进一步扩大到所有中央部门，跟踪项目绩效目标完成情况，及时堵塞"管理漏洞"，纠正执行偏差。

三是推动绩效自评全覆盖，落实部门主体责任。首次组织中央部门对2016年度所有项目支出开展绩效自评，对绩效目标完成情况进行了全面体检，为部门落实主体责任、加强内部管理找到了有效"抓手"。

四是建立重点绩效评价常态机制，加强结果应用。2016年以来，财政部每年选择部分重点民生政策和重大专项支出，以预算评审中心和专员办为主体，会同第三方机构开展重点绩效评价。截至目前累计评价项目（政策）60个，涉及资金6878亿元，其中，中央本级项目26个，专项转移支付34个。绩效评价结果已经成为完善政策、改进管理和安排预算的重要依据。

五是建立绩效信息公开机制，主动接受社会监督。将66项中央对地方专项转移支付整体绩效目标随同2017年中央预算草案，报送全国人大财经委参阅；选择10个中央部门的10个重点项目绩效目标及指标，随同2017年部门预算草案提交全国人大常委会审议。将重点项目绩效评价报告随同中央决算提交全国人大常委会参阅，数量从2016年的5个增加到2017年的10个。将99个中央部门的111个一级项目绩效自评结果，在提交全国人大常委会审议的2016年度部门决算草案中反映。上述重点项目绩效目标、绩效评价报告和自评结果，已经主动向社会公开。

7. 财政资金直达机制改革

为应对2020年初新冠疫情的影响，中央财政建立特殊转移支付机制，中央财政新增赤字1万亿元和发行抗疫特别国债1万亿元，按照"中央切块、省级细化、备案同意、快速直达"原则进行分配，取得了很好的效果。在2021年，推动财政资金直达机制常态化。财政资金直达机制改革创新，按照"中央切块、省级细化、备案同意、快速直达"的原则，完善相关资金分配程序，压实地方的主体责任，建立健全监督问责机制，确保地方政府将资金全部快速用于基层。"中央切块"即中央将资金根据不同的分类，依据相关的因素直接分配到省。"省级细化"即省级政府按照直达基层的要求提出细化的分配方案，省级本身不能留用，全部提出分配到市县的方案。"备案同意"即省级财政要将分配到基层或者直达基层的方案报财政部备案同意，财政部审查细化分配的具体情况。备案同意并不是干预分配资金的用途和数量，而是审查是否具体落实省级充当"过路财神"的要求，是否存在省级截留、未全部到达基层市县的情况。"快速直达"就是备案同意后，限时让省级部门将资金下达基层，尽早发挥资金的作用。同时中央建立直达资金台账监控系统，贯穿中央、省、市县财政部门和资金使用管理的相关部门，对资金分配、拨付、使用等实现全覆盖、全链条监控，确保资金下达和资金监管同步"一竿子插到底"。

8. 启动预算管理一体化改革

2020年2月27日财政部发布全国统一的《预算管理一体化规范

（试行）》（财办〔2020〕13号），加快推进预算管理一体化建设，以信息化驱动预算管理现代化。当今世界，正在经历一场更大范围、更深层次的科技革命和产业变革，数字经济、数字政务蓬勃发展，对财政管理的数字化、信息化水平提出了更高要求。为落实党的十九大和十九届四中全会、五中全会关于建立现代财税体制、深化预算管理制度改革的要求，2019年财政部统筹谋划预算制度改革和财政工作数字化转型，以"建立全面规范透明、标准科学、约束有力的预算制度"为改革目标，部署推进预算管理一体化建设，运用系统化思维和信息化手段将管理规则嵌入信息系统，构建现代信息技术条件下"制度+技术"的财政管理机制。目前这项改革正在全国范围内深入推进。

9. 发布《预算法实施条例》

2020年8月20日，国务院发布《中华人民共和国预算法实施条例》。这是我国预算法律制度体系建设的重要立法成果，为加快建立与国家治理体系和治理能力现代化相适应的现代财政制度、更好地发挥财政在国家治理中的基础和重要支柱作用提供了法治保障。法律是治国之重器，良法是善治之前提。习近平总书记多次强调，"国无常强，无常弱。奉法者强则国强，奉法者弱则国弱。"预算法属于财政领域的基本法律制度范畴，是中国特色社会主义法律体系中的一部重要法律，2014年预算法修订拉开了中国建立现代财政制度的改革序幕。时隔6年，2020年8月3日，国务院总理李克强签署国务院令第729号，公布修订后的《中华人民共和国预算法实施条例》（以下简称《条例》），自

2020年10月1日起施行，更是中国加快建立现代财政制度的坚实一步。《条例》的出台进一步完善了中国财政法律制度体系。综观各国财政法律制度体系，既有对财政活动进行原则性规定的基本性、统领性法律，又有对每一种类财政活动进行规范的具体单项法律。多门类多层次、内容完备又和谐一致、相辅相成又有机统一是国家财政法律制度体系的基本特征。从内容范围看，财政法律制度体系涵盖预算、税收、非税收入、政府采购、资产管理、财务会计、行业管理、财政监督等财政领域；从法律级次看，财政法律制度体系包含财政基本法律、行政法规和部门规章等。《条例》的出台使得2014年预算法修订所确定的立法宗旨、原则、理念和相关条款得以进一步细化落实，解决了预算管理中有预算法而无条例的局面，在政府施政和部门预算管理中，既有法可依，又有章可循。

二、新时代新格局背景下预算制度面临的新问题

当今世界正经历百年未有之大变局，我国正处于实现中华民族伟大复兴的关键时期，时代提出了一系列新的重大理论和实践问题，经济社会发展和民生改善比过去任何时候都更加需要解决方案，比过去任何时候都更加需要财政理论的繁荣与创新发展。2017年习近平总书记在党的十九大报告中指出"中国特色社会主义进入新时代"。2020年党的十九届五中全会《中共中央关于制定国民经济和社会发展第十四个五年规划和二〇三五年远景目标的建议》提出"要加快构建以国内

大循环为主体、国内国际双循环相互促进的新发展格局"。新时代新格局背景下，预算管理制度主要面临以下五个方面的问题：

（一）预算资源统筹能力不够全面

受经济下行压力和新冠疫情等影响，预计今后较长一段时间都将处于财政紧运行状态。但"大财政大预算大资产"管理格局尚未完全形成，在面对经济财政运行波动时财政压力较大，在稳妥应对政府财政可持续发展压力方面有待加强。

1."收入"增长承压：财政收入增长压力大，筹集财力手段不多

国有股权、国企土地、行政事业单位资产等盘活周转效率不高，未形成有偿使用和市场化变现的长效机制，资源资产闲置、减值等情况时有发生。如一些地市过度依赖土地出让收入、一次性收入平衡预算，容易导致收支运行大起大落。

2."支出"结构固化：财政支出刚性增长，存在结构固化问题

维持运转和民生补助等刚性支出随着人口增长、政策提标扩围而持续快速增长，导致支出结构固化。如省级一般公共预算中的必保支出占比约八成，可统筹调剂的空间十分有限。

3."统筹"能力不足：财政资金统筹使用不足，未形成有效合力

部门管理资金存在条块分割，关联领域的资金投入协同性不强，重复、分散等现象较为普遍。如一些省直部门和市县欠缺预算统筹观念，强调"不新增资金就没有政策含金量"，主动盘活存量资金、运用市场化手段的积极性不高。

（二）预算对国家重大战略的支持保障有限

"财"为"政"服务，是财政工作的出发点和落脚点，主要通过配置财政资源保障好党委政府中心工作来实现。在具体领域、政策和项目上，仍存在谋划不够充分、分配不够精准、投入效益不够高等问题。

1."谋"不充分：系统前瞻谋划不够，事与钱未完全匹配

一是事业规划和预算安排"两张皮"，专项规划仅关注事业发展，不研究资金筹集和安排，有的规划所需资金规模远超财政可承受能力，最终变成"画饼"；二是"先谋事后排钱"机制还未真正建立，有的部门习惯于"报大数"，有多少钱干多少事，未能做到科学系统、实事求是地提出办事方案。

2."策"较单一：财政政策工具创新不够，"撒胡椒面"式分配较普遍

部门研究政策时更加倾向于采用财政直投直补方式，运用政策性基金、金融保险等市场化机制较少，未能发挥财政资金"四两拨千斤"的杠杆撬动作用；近年来各类涉企补贴资金"小而散""碎片化"的情况比较普遍，不仅企业获得感不强，而且套取、骗取财政补贴的风险也很大。

3."效"不突出：绩效导向作用未能有效发挥，财政资金效益有待提高

一是绩效结果导向不够明确，预算绩效与业务融合不紧密，指标设置不合理或难以量化考核，个别部门甚至将召开会议参加人数增加

作为政策的绩效目标；二是绩效评价不够全面，偏重于事后评价、事前评估和事中监控只是刚起步，偏重于重点项目评价、对部门整体的评价仍在探索中；三是激励约束效果有限，仅在资金安排层面的挂钩机制难以激发部门和相关人员提高绩效的积极性，如有的部门专项资金因绩效差而被扣减10亿元，但下一年度的管理方式却没有明显改进。

（三）支出标准建设总体滞后

标准是规范之基，规范是治理之要。支出标准建设总体滞后，主要体现在以下五个方面：

1. 通用项目支出标准初步建立，但专用项目支出标准建设进度缓慢

自2009年以来，根据中央政策文件精神，中央和各省份高度重视预算项目支出标准建设工作，相继制定了部分通用项目支出标准。已出台的预算项目支出标准，主要仍集中在一些通用的、跨部门的标准或管理办法。如会议费、培训费、因公出国、接待外宾费用、援外培训班费用、公务员奖励开支、专家咨询费等项目，均制定了财政通用定额标准。通用标准的出台，给相关部门在一些常规性项目支出的预算编制和资金使用方面提供了依据。在财政日常业务管理中，还存在数量庞大的财政专用定额标准和部门内部标准。专用定额标准适用于特定部门、特定活动或特定项目的定额标准，具有特定的适用范围，在一定程度上与财政专用定额标准相衔接，既可以通过附加部门属性，将通用定额标准直接细化为专用定额标准，又可以根据部门核心职能活动，对通用定额标准进行排列组合，形成与各部门职能活动直接对应的专用定额标准。像交通部门进行公路养护、水利部门修建水库、公安部门制定服装、体育部门编制运动员训练费用等项目时，没有具体量化的支出标准。

2. 标准制定的整体责任意识和配合程度有待提升

搭建预算项目支出标准的科学方式，是由财政部门牵头、会同各相关部门共同研究制定。当前大部分省份仅由财政一家部门在推动，其他部门的参与度还很低；即便是财政部门内部，各处室对预算项目支出标准建设的了解程度和重视程度也存在欠缺。对标准建设意义、内容、重要性等方面认知的不均衡，导致了财政部门与各部门之间暂时缺乏有效沟通，短时间内较难建立起责任清晰、分工明确的协作方案。

3. 预算项目种类繁多，逐一制定标准难度较大

与基本支出不同，部门预算项目支出专有性强、种类繁多，标准制定的难度也随之增加。一些规模较大的部门，如交通厅，项目数量多达上千个，"项目多、标准少"的矛盾突出，大量项目暂无标准可依。除共性项目外，部门根据自身不同的职能分别开展不同领域、不同方向、不同内容的"专用项目"。中央本级囊括了党政群团、公安司法、安全警卫、教育科技、文化卫生、农林水利、交通基建、经贸投资等诸多领域，预算项目的数量便由此呈现出发散式增长。对于数量庞大的预算项目，要想逐一研究、制定、审核、发布标准，无论是由部门还是财政牵头，都将产生巨大的工作量，同时也容易导致在标准制定过程中因过于强调速度和数量而忽略质量和实用性等问题。

4.各地客观情况存在差异，标准推广度较低

预算项目支出标准建设面临的另一个挑战，是同一标准在不同部门间推广度或普及度的问题。因项目支出标准制定需要满足预算精细化管理的要求，同类项目在不同条件下即便只存在些许差异，都可能导致每一个专用项目都是"唯一的"。一是因地而异。例如，公路养护类项目，同样是交通部门下属的公路局，因所在的市、区、县不同，用于公路保养与护理而花费的材料成本、人工成本、施工运行成本等养护成本就会有所区别。即便制定一个统一的"公路养护类项目支出标准"，也需将各地不同的成本因素考虑在内。二是因部门而异。例如被装制定类项目，公安、检察、法院、税务、工商、监狱、戒毒等不同部门的服装在用料选择、制作规格、配备套数、金额标准等方面都存在区别，故无法通过一个统一的"被装制定类项目支出标准"去实现对所有部门被装制定项目的全覆盖。因此，即便一些专用项目在类别上十分相似，也很难在各部门之间做到标准上的"一对多"，支出标准需要在"普适性"和"针对性"二者之间做出平衡。

5.市场环境多变，标准的动态调整困难

制定一个专用项目支出标准，需要经历前期调研、资料收集、数据分析、拟订框架、征求意见、财政审批、发布实施等多个环节，整个流程快则数月、慢则可能超过一年。一些项目开展所需要的材料成本、人力成本、行业规范等因素在长达数月甚至一年的时间里很有可

能发生改变，使得标准可能逐渐无法真实反映客观水平或者变得不合时宜。

（四）预算约束和绩效机制不够完善

2021年党的十九届五中全会进一步提出"要强化预算约束和绩效管理"，构建"花钱必问效，无效必问责"的绩效责任追究机制。在经济下行、各级政府过紧日子的背景下，如何健全预算绩效管理激励约束机制，有效利用绩效管理手段削减低效无效资金，使绩效管理真正长出牙齿，在提高财政资源的配置效率和提升财政资金的使用效益方面发挥实效，具有重要的价值。但目前的财政预算管理实践中，各单位部门还未强化"预算即法"的理念；预算执行的控制机制还有待加强；预算的绩效导向还不够突出。这些都导致预算约束和绩效机制缺乏约束力。

（五）预算协同管理水平存在瓶颈

各地各部门预算管理水平参差不齐，信息化技术更新滞后，导致"权力放下去，效率没上来"的问题凸显。当前预算协同管理水平与政府行政效率变革的要求存在一定的差距，主要体现在：

1.协同不够："全国一盘棋"机制有待健全，"放管服接"需更加到位

一是部门把握放权要求不准确，"一刀切下放"与"紧抓不放"的情况并存，有的部门将资金全部切块下达地市，导致对重大项目缺乏

统筹；二是部门内部协同机制不完善，承担预算管理的机构人员配置较弱，如有的部门经管数十亿元资金，却没有确定牵头机构，业务处室"各自为战"。

2.基础不牢：信息化管理技术亟待提升，预算管理标准和规则不够健全

一是各级预算信息系统"各自搭台、分头唱戏"，各类系统对接匹配不畅，信息孤岛现象普遍，问卷调查显示，预算信息系统已成为制约效率提升的"中梗阻"；二是支出标准体系建设亟待健全，财政通用标准建设滞后，财政专项标准制定仍处于探索起步阶段，预算编制精准度容易受到影响。

3.监督不强：综合性预算监督的协同机制还未有效建立

一是人大、财政、审计等监督体系还未建立有效的信息共享机制，监督的广度、深度有待拓展，督促预算单位强化管理的合力有限；二是监督时效性不强，各类控制规则主要依靠纸质文件规定，较少在线进行实时预警提示，难以及时纠偏纠违，待事后监督检查发现时，往往损失已难以挽回。

三、深化预算管理制度改革的思路与举措

2021年，国务院发布《关于进一步深化预算管理制度改革的意见》（国发〔2021〕5号），从六个方面提出了深化预算管理制度改革的具体措施。结合前文的分析，主要考虑以下方面：

（一）强化预算财力统筹能力，促进预算决策机制优化完善，更好发挥集中力量办大事的显著优势

1. 强化全口径预算统筹调配

加强"四本预算"和政府债券等来源和项目的衔接，优化错位配置，公益性资本性项目用足债券资金，腾出一般公共预算财力更好地保障基本民生和基层运转；统筹管理公共资源，将依托行政权力、政府信用和国有资源获得的各项收入以及特许经营收入等全面纳入预算管理。拓宽部门预算范围，将单位依法取得的各类收入全部纳入管理，结合单位收入情况合理保障其支出需求。

2. 健全政府投融资机制

完善公共资源交易平台，对土地、海域、矿产等有形资源和指标、规模、权益等无形资产，实行市场交易、有偿使用、统一监管；大力推进国有企业资产证券化和混合所有制改革，提高直接融资比例，筹集重大项目建设资金；完善国企资本金补充机制，对承担重大项目筹资和建设任务的省属企业资本金适时予以动态补充，适当提高重大项目引入社会资本的比例。

3. 建立"集中财力办大事"预算决策机制

以事业发展规划为遵循，实行"决策（规划）—业务—资金—项目"清单式管理，对国家重大政策精准保障，确保一张蓝图绘到底。逐步做实中期财政规划，对教育、医疗、乡村振兴等需要持续稳定投入的领域，按3—5年为期试行"滚动预算"和限额管理，推动部门系

统长远谋划事业发展；建立跨部门财政资金统筹平台，推广涉农资金统筹整合经验，探索资金项目申报"联席联审"，打破条块分割，推动实现系统治理。

4. 优化财政政策工具组合运用

加强财政政策工具储备，结合支持对象进行优化组合，建立"精准滴灌"型的财政政策体系；对兼具金融属性和规模效应的基金、风险补偿资金池、股权投资等，由财政部门统一调度实施，解决重复投入、使用分散等问题。

（二）强化预算资源配置能力，推进预算管理和绩效管理深度融合，保障国家决策部署落地落实

1. 明晰绩效管理权责

在预算执行责任"归位"业务部门的基础上，进一步厘清绩效管理权责；财政部门应更加聚焦绩效规则制定、目标审核、评价考核、结果应用等；压实业务部门绩效目标设置、事前评审、执行监控、整改落实等主体责任，推动从"要我有绩效"向"我要有绩效"转变，实现预算责任和绩效责任"双落实"；业务部门要配强预算管理机构队伍，建立牵头统筹本部门专项资金、部门预算、绩效管理等工作的专门机构，职能从"小财务"向"大预算"转变，营造各方重视预算、关注绩效的良好氛围。

2. 强化全流程预算绩效融合

全面实施重大政策和项目事前绩效评审，加强成本效益分析，从

源头实行绩效"一票否决"预算控制；规范绩效目标管理，以事业发展规划为直接依据，科学设置定量和定性相结合、可比较可考核的绩效目标；优化"双监控"程序机制，运用系统及时开展偏离绩效目标和绩效进展未达预期的分析和纠偏。加快推进部门整体绩效和中长期政策绩效评价，增强绩效评价的权威性；健全预算绩效问责机制，从单一的挂钩扣减预算向调整"放权"力度等转变，逐步扩大绩效评价结果在政府绩效考核、干部选拔任用等领域的应用，促进预算绩效管理激励相容。

3. 实行预算项目全生命周期管理

全面实行预算支出"项目化"管理，以零基、滚动、优选为导向进行项目排序，实现各项支出可增可减、可进可退；率先在政府投资基础设施项目领域实施滚动遴选，突出优中选优，推动重大项目"竣工一批、在建一批、开工一批、储备一批"成为常态，有效保证有充足项目可安排资金、资金安排即可形成支出和实物工作量。

（三）强化预算执行管理，增强预算约束力

以国库集中收付制度为核心，推动现代国库制度建设。以"控制、运营、报告"三大理念指导国库制度改革。

1. 强化预算执行的控制

严格执行人大批准的预算，预算一经批准，非经法定程序不得调整。对预算指标实行统一规范的核算管理，精准反映预算指标变化，实现预算指标对执行的有效控制。坚持先有预算后有支出，严禁超预

算、无预算安排支出或开展政府采购，严禁将国库资金违规拨入财政专户。严禁出台溯及以前年度的增支政策，新的增支政策原则上通过以后年度预算安排支出；规范预算调剂行为。规范按权责发生制列支事项，市县级财政国库集中支付结余不再按权责发生制列支。严禁以拨代支，进一步加强地方财政暂付性款项管理，除已按规定程序审核批准的事项外，不得对未列入预算的项目安排支出。加强对政府投资基金设立和出资的预算约束，提高资金使用效益。加强国有资本管理与监督，确保国有资本安全和保值增值。

2.优化国库集中收付管理

对政府全部收入和支出实行国库集中收付管理。完善国库集中支付控制体系和集中校验机制，实行全流程电子支付，优化预算支出审核流程，全面提升资金支付效率。根据预算收入进度和资金调度需要等，合理安排国债、地方政府债券的发行规模和节奏，节省资金成本。优化国债品种期限结构，发挥国债收益率曲线定价基准作用。完善财政收支和国库现金流量预测体系，建立健全库款风险预警机制，统筹协调国库库款管理、政府债券发行与国库现金运作。

3.拓展政府采购政策功能

建立政府采购需求标准体系，鼓励相关部门结合部门和行业特点提出政府采购相关政策需求，推动在政府采购需求标准中嵌入支持创新、绿色发展等政策要求。细化政府采购预算编制，确保与年度预算相衔接。建立支持创新产品及服务、中小企业发展等政策落实的预算编制和资金支付控制机制。对于适合以市场化方式提供的服务事项，应当依法依规实施政府购买服务，坚持费随事转，防止出现"一边购买服务，一边养人办事"的情况。

（四）加强风险防控，增强财政的可持续性

1. 健全地方政府依法适度举债机制

健全地方政府债务限额确定机制，一般债务限额与一般公共预算收入相匹配，专项债务限额与政府性基金预算收入及项目收益相匹配。完善专项债券管理机制，专项债券必须用于有一定收益的公益性建设项目，建立健全专项债券项目全生命周期收支平衡机制，实现融资规模与项目收益相平衡，专项债券期限要与项目期限相匹配，专项债券项目对应的政府性基金收入、专项收入应当及时足额缴入国库，保障专项债券到期本息偿付。完善以债务率为主的政府债务风险评估指标体系，建立健全政府债务与项目资产、收益相对应的制度，综合评估政府偿债能力。加强风险评估预警结果应用，有效前移风险防控关口。依法落实到期法定债券偿还责任。健全地方政府债务信息公开及债券信息披露机制，发挥全国统一的地方政府债务信息公开平台作用，全面覆盖债券参与主体和机构，打通地方政府债券管理全链条，促进形成市场化融资自律约束机制。

2. 防范化解地方政府隐性债务风险

把防范化解地方政府隐性债务风险作为重要的政治纪律和政治规矩，坚决遏制隐性债务增量，妥善处置和化解隐性债务存量。完善常态化监控机制，进一步加强日常监督管理，绝不允许新增隐性债务

上新项目、铺新摊子。强化国有企事业单位监管，依法健全地方政府及其部门向企事业单位拨款机制，严禁地方政府以企业债务形式增加隐性债务。严禁地方政府通过金融机构违规融资或变相举债；金融机构要审慎合规经营，尽职调查、严格把关，严禁要求或接受地方党委、人大、政府及其部门出具担保性质文件或者签署担保性质协议。清理规范地方融资平台公司，剥离其政府融资职能，对失去清偿能力的要依法实施破产重整或清算。健全市场化、法治化的债务违约处置机制，鼓励债务人、债权人协商处置存量债务，切实防范恶意逃废债，保护债权人合法权益，坚决防止风险累积形成系统性风险；加强督查审计问责，严格落实政府举债终身问责制和债务问题倒查机制。

3.防范化解财政运行风险隐患

推进养老保险全国统筹，坚持精算平衡，加强基金运行监测，防范待遇支付风险。加强医疗、失业、工伤等社保基金管理，推进省级统筹，根据收支状况及时调整完善缴费和待遇政策，促进收支基本平衡。各地区出台涉及增加财政支出的重大政策或实施重大政府投资项目前，要按规定进行财政承受能力评估，未通过评估的不得安排预算。规范政府和社会资本合作项目管理。各部门出台政策时要考虑地方财政承受能力。除党中央、国务院统一要求以及共同事权地方应负担部分外，上级政府及其部门不得出台要求下级配套或以达标评比、考核评价等名目变相配套的政策。加强政府中长期支出事项管理，客观评估对财政可持续性的影响。

（五）强化预算协同管理能力，以"数字财政"驱动全流程预算管理，支持打造高效、透明政府

1. 实现全国预算系统纵横贯通

加快全国预算管理一体化系统大集中，实现中央、省、市、县一套系统贯通。全面梳理归集各级预算单位财务、资产、账户等信息，推动实现各级政府一本账、一张表（资产负债表）。强力推进预算管理标准化，规范各级业务流程、管理要素和控制规则，实现各级预算执行动态跟踪和有效反馈，切实减轻基层统计负担。

2. 加强数据共享和决策辅助

强化财政部门数据密集型综合管理部门定位，推进财政与组织、人力资源和社会保障、税务、人民银行等跨部门数据连通，夯实预算管理基础。加强大数据开发应用，为财政经济运行分析、资金安排使用、制度优化设计提供参考，辅助提高政府决策的科学性、合规性。

3. 运用信息化技术提升监督精度和效率

构建"制度+技术"的监督框架，建立全覆盖、全链条的财政资金监控机制，实时记录和动态监控资金在下级财政、用款单位的分配、拨付、使用情况，探索自动控制和实时预警，实现资金从源头到末端全过程流向明确、来源清晰、账目可查，确保资金直达基层、直达民生；加强财会监督与人大、审计等监督的协同，主动对接人大实时在线联网监督、审计部门数据审计系统等，形成多层次的综合监督体系。

王浦劬

北京大学博雅讲席教授,政府管理学院教授,博士生导师,国家治理研究院(教育部人文社会科学重点研究基地)院长,国务院特殊津贴专家,马克思主义理论研究与建设工程重点教材《政治学概论》首席专家,兼任国务院学位委员会政治学科评议组长、国家哲学社会科学基金政治学科评议组长、教育部政治学类专业教学指导委员会主任委员、国家教育部社会科学委员会政治学社会学民族学部召集人。主要研究领域为政治学理论、当代中国政治与治理,代表性作品有《政治学概论》《政治学基础》《政府向社会组织购买公共服务研究——中国与世界经验》《国家治理现代化:理论与策论》《新时代中国政治学学术发展》等。

第二讲 国家治理现代化的基本问题*

内容提要

我国学界关于国家治理现代化的研究成果已经相当丰富，但是，相对于构建中国特色国家治理理论体系的需求，在基本概念和基本理论方面，尚需深化并达成共识。本讲聚焦国家治理现代化的三个元问题展开讨论，即什么是中国的国家治理、什么是中国的国家治理现代化、如何推进中国的国家治理现代化。首先，中国的国家治理是国家的统治和国家的管理的有机结合，其本质是国家权力与公民权利之间围绕公共问题、公共秩序、公共物品和公共服务形成的互动关系。其次，中国的国家治理现代化的根本目标是人的全面发展，本质是国家权力与公民权利良性互动关系的构建和优化，主要内容是国家治理体系现代化和国家治理能力现代化，结构性目标是构建国家与社会共建共治共享的复合型治理共同体。最后，中国的国家治理现代化的推进需要坚持中国共产党的集中统一领导，奉行全面从严治党战略；以人民为中心，实现国家权力和公民权利的良性互动；以制度建设为抓手；在战略层面上，全面统筹，协调推进；建构"一核多元"的治理共同体；不断完善制度体系，将制度优势转化为治理效能。

---

* 这是王浦劬教授2022年4月23日在国家预算治理大讲堂的演讲稿，根据录音整理，并经本人审阅。

一、什么是中国的国家治理？

关于中国国家治理的基本含义，可以基于马克思主义的辩证思维，在当代中国语境和官方意识形态话语中，从国家与社会的联系中理解。

首先，对这一问题的回答需要廓清治理的概念。在汉语中，治理是一个多义概念，其基本含义包括管理、统摄、理政的状态或者结果。另外，由于中国学者讲究遵循国家治理的自身规律和发展特点，所以治理有时亦被称为治道。中国的治理既强调因循特定规律和发展趋势，又指涉专项整修处理，例如治理黄河等专项治理行动。相比之下，西方的治理特指"governance"一词。可见，治理的多语词意味着国家治理的基本含义可能包含着对治理的不同理解。

那么，在当今中国的语境之下，如何立足治理的基本含义来把握国家治理的基本含义？从治理的词义层面上升至国家管理运行层面，国家治理可以理解为国家治权的运用和实行。国家治权指的是国家主权和政权确立之后对国家的管理权。在中国语境中，由于国家主权来自于人民主权，国家权力运行与公民权利之间相互联系，所以国家治理本质上是国家的政治权力与公民权利之间的一种互动关系。这种互动关系通常是围绕公共事务的治理形成的。

其次，国内外对于治理研究以及国家治理研究存在诸多视角，形成了不同的理论流派。2021年,英国出版了一本治理理论手册,该手册罗列了近三十种宏观、中观、微观层面的治理理论。其中,较有代表性的宏观理论被称为治理研究的基本范式。在中国公共管理学界,有三种基本范式被学者经常提及。

第一种范式是国家中心主义范式。国家中心主义范式由西方学者在研究二战之前以及二战时期的德国和日本的治理模式时最先提出,指的是强调国家本位的,从国家出发分析国家意志要求、研究如何控制社会并管理公共事务的一种模式。在中国传统社会中,虽然没有国家中心主义的提法,但是以皇权为本位来治理天下、管理天下、统治天下的模式,经常被学者称之为国家中心主义治理模式。

第二种范式是社会中心主义范式。社会中心主义范式是20世纪90年代兴起的西方治理研究的基本范式。社会中心主义范式的理论基础是社会公共事务治理中的公用地悲剧学说。这一学说认为,公用地的悲剧在于,所有的利益相关者都想从公用地中获得好处而不支付成本。由于政府机制和市场机制在公用地治理中都会失灵,因此,需要通过社会成员的自我约定和自我管理来治理公用地。社会中心主义范式始于20世纪90年代,并在发展中形成了西方公共治理诸多流派。因此,在西方学界,治理(governance)与国家不相关联。

第三种范式是政党中心范式。政党中心范式是学者(尤其是中国学者)为分析中国特色治理模式而提出的一种学术研究范式。在中国,中国共产党是先进生产力的发展要求、先进文化的前进方向和中国最广大人民根本利益的代表,是最高政治领导力量,在国家治理中居于核心地位。由此，有学者主张，分析中国政治和治理，应该从对于执政党的分析出发。这一主张，被称为政党中心主义的国家治理分析范式。

由此可见，中国学界分析国家治理的代表性视角和范式共三种。这三种范式虽然是从不同视角出发来分析特定的治理模式，但是其共同特点都是选择国家治理的一个方面，或者说是特定事物作为分析的逻辑起点和初始变量。可见，这三种范式采用的是演绎思维，以推演和确证其逻辑思路的合理性和学术自洽性。

演绎分析方式具有形式逻辑分析的特点和道理。马克思主义思维方法是唯物辩证法。唯物辩证法在历史和社会当中的应用，主张把握两个以上的事物之间的辩证关系，进而把握事物的本质甚至社会和历史现象的本质和规律。根据这一思路，把握中国国家治理的本质和规律，说明什么是国家治理，需要从两个以上的事物联系中去把握。在国家治理中，最直观的两个事物是国家与社会。国家与社会的相互联系，是马克思主义分析国家现象的本质和国家发展的规律的基本出发点。由此，马克思主义认为，分析国家治理现象，以及确认国家治理的本质和规律，需要立足国家与社会的辩证关系。

立足于马克思主义学说和分析范式，对国家治理的理解可以分为三个层次。第一层理解是指国家与社会的互动关系的功能现象。第二层理解是指特定的统治和特定的管理的有机结合，即在国家与社会的功能性联系中包含统治关系和管理关系。马克思主义学说强调，国家从来都是有统治的，国家的统治在传统意义上表现为阶级统治，在当前意义上表现为全体人民的根本利益和意志的统治。国家治理在阶级社会中表现为贯彻统治阶级意志要求的社会管理，在当今中国社会表现为对于公共事务的管理，即公共管理（公共管理在政治学中被界定为国家意志的体现、国家治理的功能性表现、国家对公共事务的管理的体现）。由此，根据马克思主义学说，国家治理中的"治"是国家的统治，"理"是国家的管理，国家治理，本质上是国家统治和国家管理的有机结合。第三层理解是指国家的政治权力与公民权利的互动联系，即在现代意义上国家与社会的关系并非单一的国家管理社会或者国家统治社会，而是国家与社会的辩证双向互动。这种辩证双向互动既是国家权力行为，也是公民权利的政治行为。

二、什么是中国的国家治理现代化？

中国的国家治理现代化可以从以下六个方面加以概括说明，涉及中国国家治理现代化的基本方位、特征、要求等。

首先，鉴于国家治理现代化有其历史方位和社会本质属性的规定，因此，需要对其进行具体的历史考察和确认。只有明晰中国国家治理现代化的历史方位，才能理解当代中国的国家治理现代化的特殊性。就其历史方位而言，中国国家治理现代化的历史方位与当代中国发展的历史方位是一致的。当代中国处于并将长期处于社会主义初级阶段，这说明，中国国家治理现代化是社会主义初级阶段的治理现代化，反映的是社会主义初级阶段中的国家与社会的关系状况。用党的十九届六中全会《中共中央关于党的百年奋斗重大成就和历史经验的决议》

的话来说，中国的国家治理现代化是在"开创中国特色社会主义新时代"过程中的治理形态的体现。

就其社会本质属性而言，根本在于当代中国的国家治理现代化与先前的国家治理、与其他国家的国家治理现代化有何不同等问题。众所周知，新时代中国社会的主要矛盾已经由人民日益增长的物质文化需要同落后的社会生产之间的矛盾转化为人民日益增长的美好生活需要和不平衡不充分的发展之间的矛盾。社会主要矛盾的发展变化使得国家治理日益趋向人民性，执政党、国家与社会都以人民性作为统一的根本属性。从这一意义来说，国家治理现代化实质上是人民的现代化。

因此，中国的国家治理现代化立足于社会主义初级阶段，伴随中国国家与社会关系发展而不断演变。随着社会政治的发展和治理的优化，国家将逐渐赋权赋能社会，推动国家与社会的关系趋于和谐、协同、文明和进步。从发展的总体趋势来说，中国的国家治理现代化的指向和归属是从人民的现代化趋向全体人民的共同发展和全面发展，最终实现人的现代化。

其次，中国的国家治理现代化努力在人民国家政权建立之后，将国家与社会关系不断推向合作、系统、和谐和统一。因此，中国的国家治理现代化的本质内容是构建国家与社会良性互动、协同互动、共同治理的互动关系。

再次，国家治理现代化在具体形态表现上包含国家治理体系现代化和国家治理能力现代化。其中，国家治理体系现代化聚焦国家治理体制和机制，指的是在国家的主权、政权以及基本制度确立之后的制度体系的创新构建和优化。国家治理能力现代化具有特定的限定性，是指治理主体执行制度的能力的现代化。由此，国家治理能力现代化是与国家治理体系现代化紧密联系的，反映了国家治理现代化中人与制度的对立统一关系。可见，国家治理体系现代化和国家治理能力现代化的系统性、协调性和同步性是国家治理现代化的内在要求。

从次，中国的国家治理现代化要达至一种结构性的治理目标。这一结构性治理目标是由当代中国的经济发展水平和经济制度决定的。中国的基本经济制度在所有制上表现为公有制为主体、多种所有制经济共同发展；在分配制度上表现为按劳分配为主体、多种分配方式并存；在体制上表现为社会主义市场经济体制。因此，当代中国的经济是多元结构性经济，其基本经济制度亦是如此，这就决定了中国社会基本结构呈现多元主体结构，决定了中国国家治理要达成国家与社会的良性互动必须建构一种结构性治理。这一结构性治理意指在中国共产党领导下，通过构建国家与社会的良性互动关系以及一核多元主体的协同关系和机制，来建设共建共治共享的复合型治理共同体。

然后，中国的国家治理现代化奉行的是现代化取向。现代化取向要求中国的优秀传统文化要素必须按照现代化取向进行创造性转换和创新性发展。同时，中国的国家治理现代化是中国特色社会主义的治理现代化，因此，在意识形态上，确立马克思主义处于根本指导地位；在政治文明上，定位于中国特色社会主义政治建设；在精神上，定位于中国共产党和中国人民在百年奋斗中创造的、以伟大建党精神为源头的精神谱系；在核心价值上，定位于中国的社会主义核心价值观。上述定位共同构成了中国国家治理现代化的价值遵循。

最后，中国的国家治理现代化是以制度建设运行和治理绩效作为衡量标尺的。中国的国家治理现代化的程度和状况，可以从初心动机、制度状况、价值取向和人民群众的满意度等面向来衡量，不过，人们对国家治理现代化的评估通常是以制度完善程度和制度运行的绩效结果作为基本标尺的。

三、如何实现中国的国家治理现代化？

从宏观层面看，推进中国国家治理现代化的路径，大体有以下六个方面：

首先，坚持中国共产党的全面领导和集中统一领导，奉行全面从严治党战略。中国共产党是代表人民意志、受人民委托、执掌政权运行治权的最高政治力量，在国家治理和现代化建设中具有最高政治领导地位。在当代中国，只有中国共产党才能够强有力地推进中国式现代化全方位的发展。以中国共产党的政治能力、领导能力、组织能力和动员能力来整合社会，推进国家和社会发展，是中国的国家治理现代化的根本原则。同时，推进中国国家治理现代化，必须奉行全面从严治党战略，由此保持党的纯洁性和先进性，不断提升党的执政能力、领导能力和决策能力，优化党的执政方式，提升干部的政治判断力、政治领悟力、政治执行力，实现党的自我革命引领社会革命。

其次，贯彻以人民为中心的发展观和治理观，实现国家权力和公民权利的良性互动。中国的国家治理现代化本质上是国家权力与公民权利之间关系的优化,也是国家权力不断向公民赋权赋能的过程,因此,推进国家治理现代化,需要深入贯彻以人民为中心的发展观和治理观,建构国家权力与公民权利的良性互动关系,达至公共物品和公共服务的协同提供,实现系统共治。

再次,以制度建设为抓手,推进中国的国家治理现代化。如前文所述,中国的国家治理现代化涵盖国家治理体系现代化和国家治理能力现代化。一方面,国家治理体系现代化是中国的国家治理现代化的基础组成部分,党的十九届四中全会对推进国家治理体系现代化进行了宏观规划,尤其是针对国家治理体制和机制的优化问题展开了详细规划。国家治理体系的现代化是中国的国家治理现代化实现路径的首选,这就要求在坚持党的领导、全面从严治党、把握国家与社会良性关系的前提之下,以制度优化为抓手推进中国的国家治理现代化。另一方面,国家治理能力现代化也是治理主体执行制度的能力的强化,国家治理能力现代化依赖于国家治理体系现代化,需要以制度体系为抓手予以推进。

从次,在战略层面上,全面统筹,协调推进。党的十八大以来,党和国家尤其强调中国的现代化是全面协调推进的现代化,需要在"五位一体"的总体布局和"四个全面"的战略布局下推进。换言之,中国的国家治理现代化既需要统筹推进经济建设、政治建设、文化建设、社会建设、生态文明建设,也需要协调推进全面建设社会主义现代化国家、全面深化改革、全面依法治国、全面从严治党。可见,中国的国家治理现代化是全面统筹和协调推进的国家治理现代化,需要整体性推进，需要在方向和进度上的协调，需要坚持以人民为中心，实现人的全面发展和全体人民的发展。

然后，建构"一核多元"的治理共同体，共同推进中国的国家治理现代化。中国的国家治理现代化要实现的目标之一是结构性的系统共治，实现这一目标的方略是党、政府、社会共同建构一种结构性治理，达成协同共治，共同推进。从这一意义来说，在中国的国家治理现代化的推进过程中，必须在中国共产党领导下，推动国家与社会良性互动，形成"一核多元"的治理结构和治理格局。

最后，不断完善制度体系，将制度优势转化为治理效能。国家治理现代化最终反映在其治理效能上，因此，国家治理现代化的推进路径之一是将国家制度优势转化为国家治理效能，其中的关键点在于坚持和完善国家制度体系，并且将制度优势转化为可执行、可操作的规则，通过有力的制度执行，将这些规则转化为国家治理效能，在这个过程中，需要不断提升与此相协调匹配的国家权力主体和公民权利主体的素养、能力和本领，促使二者协同共治，达成国家治理现代化的效能目标。

互动环节

◎ 提问一：

第一，与现代相对应的治理模式应该如何界定？或者说在传统社会中，我国长期奉行的治理模式是农业社会的治理？第二，全体人民的现代化和个人的现代化常常并不一致，或者说个人的现代性可能滞后于社会的发展过程，中国的国家治理现代化应该如何应对这一问题？

◎ 回答：

关于第一个问题，需要正确把握现代性。现代性与传统性、农业性之间的区别是什么？首先，社会科学视域中的现代性，通常采用的是马克斯·韦伯的定义，即现代性就是理性，此处的理性既是相对于神性，也是相对于传统感性。就我个人的理解，根据马克思主义学说，现代性建基于生产力，而生产力的发展建基于生产工具的革新，尤其是以大机器和社会化生产为标志的工业革命，工业革命带来社会制度和意识形态的变革，由此，现代性是与大工业生产相匹配的、在生产工具和生产方式社会化意义上的一种社会特性体现，它超越了传统农业社会、封建社会基于小农经济的生产方式和社会生活方式。

其次，大工业生产使得市场经济成为社会经济运行的主要机制。市场经济促发了社会联系的变革，使得原有自然经济基础上的血亲关系、伦理关系转化为市场经济基础上的理性交易关系，在人与人的社会关系上表现为人与人之间的经济理性和法治理性，催生了社会治理的制度化和法治化。因此，现代性是建立在市场经济交换关系及其权利义务基础之上的。从这一意义上说，现代性相对于传统性，本质上是工业化、社会化的生产相对于小农经济的生产，是市场经济的生产和交换相对于自然经济的生产，是法治意义上的权利义务关系相对于自然血亲人伦关系。

关于第二个问题，个体与群体之间的差异性和矛盾性是与生俱来的，是自社会产生以来就存在的，是政治学和公共管理学的根本命题，即"群己问题"，其中的"群"，指的是社会群体，"己"指的是个体。个体与群体之间的差异性源自群体的形成依赖于个体之间发生联系，而个体之间联系的发生会产生两面性，一方面个体之间存在共同性；另一方面单个个体与其他个体亦存在差异性，共同性与差异性的客观存在造成了个体与群体之间的矛盾性和差异性。显然，每一个体既有与其他个体相同的共性，又有与其他个体互异的个性。在共性维度上，每一个体的现代性是一致的，但是在个性维度上，每一个体的现代性程度可能并不一致。例如，在现代性的价值取向上，有人追求效率，有人追求公平，有人追求自由，也有人追求安全。可见，个体与个体之间在需求和价值取向上存在一致性，同时也存在差异性，甚至差异性之间是相互冲突的，比如单纯强调个人自由，则集体安全和秩序可能受到威胁。因此，全体人民的现代化是经济社会发展均衡意义上的现代化，既立足全体人民的共同性和一致性，又注重个体的个性和差异性，力求在国家与社会良性互动关系的治理中达至公共理性与个体价值的均衡，使得每一个体的发展都能够得到实现。

◎ 提问二：

国家预算监督在国家治理体系和治理能力现代化中处于什么地位？从政治学和公共管理学的角度，对国家预算监督的未来发展有什么建议？

◎ 回答：

预算问题是非常重要的问题，应该是推进中国的国家治理现代化的重要抓手。国家预算监督在国家治理体系和治理能力现代化中处于什么地位，实际上就是要回答如何在国家治理体系及其优化中，实现国家预算的合法性和合理性。我可以从政治学的角度来对这一问题谈一点看法。

第一，国家财税权是国家主权的重要权项，而预算权是国家财税权的一个方面。从这一意义来说，预算权是一种典型的政治权力，而非行政权力，亦即预算治理属于国家政治范畴，而非行政范畴。

第二，在我国宪法体制中，全国人民代表大会是我国最高权力机关。同时，国家财税权和预算权属于国家主权。因此，包括预算权在内的财税权最终归属于全国人民代表大会。

第三，对于国家预算的监督可以分为三个层面：一是对预算权本身的监督，涉及人民群众监督人大代表，人大代表监督人大机构审查国家预算案；二是人大机构行使强有力的监督权，对国家预算进行全方位、全过程的监督；三是预算具体执行过程中的多方面监督，包括行政监督、司法监督、媒体监督等。

因此，从政治学的角度来看，预算治理是国家主权性治理，是人大对于国家的总体治理，也是人大对国家财政治理的首要环节。

刘尚希

中国财政科学研究院党委书记、院长,经济学博士,研究员,博士生导师,全国政协第十三届委员会经济委员会委员,第十四届全国政协委员,国务院政府特殊津贴专家,国家"百千万人才工程"国家级专家,国家文化名家暨"四个一批"人才、国家"万人计划"领军人才,高校哲学社会科学(马工程)专家委员会委员,首届国家监察委员会特约监察员,三届国务院深化医药卫生体制改革领导小组专家咨询委员会委员,两届国务院教育咨询委员会委员,首届海南自由贸易港建设专家咨询委员会委员,中国经济50人论坛成员,金融40人论坛成员,生态环境部、农业农村部、商务部、交通运输部等多个中央部委政策咨询委员会委员,上海市、福建省、四川省等多个地方政府决策咨询特聘专家等。主要论著(合著)有《收入分配循环论》《公共收入》《部门预算:理论与实践》《地方政府或有负债:隐匿的财政风险》《税收与民生》《税收与消费》《大国财政》《中国改革开放的财政逻辑》《新中国70年发展的财政逻辑》《公共风险视角下的公共财政》《公共风险论》《新中国财政史》《共同富裕与人的发展》等50余部,在《经济研究》《管理世界》等刊物发表论文200余篇。

第三讲 国家预算的底层逻辑：风险预期*

内容提要

预算是国家治理的重要工具，是推动国家治理体系和治理能力现代化的基础。报告基于风险预期视角，从国家预算的定义、终极含义、国家预算运行中存在的问题及改革方向四个方面系统阐释了国家预算的底层逻辑。从国家治理角度，预算是防范化解公共风险的工具，其终极含义是"预算"未来的风险，是国家构建确定性的工具。报告从预算路径依赖、预算政策模糊、事与钱脱节、统筹能力不足、风险导向观念淡薄五个方面指出当前国家预算中存在的问题。最后，国家预算的改革方向，要以风险导向为前提，以风险治理为核心，以公开透明为原则，强化预算的"治权"功能，发挥预算在国家公共资源配置中的决定性作用。

---

* 这是刘尚希研究员2022年5月21日在国家预算治理大讲堂的演讲稿，根据录音整理，并经本人审阅。

一、国家预算的定义

不同学科对国家预算的定义可能不同。财政学具有综合性、跨学科的特点，多个学科都在研究财政学，特别是国家预算，从经济学方向研究财政学只是其中的一个角度。对于国家预算的研究，虽然也是财政学的重要内容，但在不同学科中都有所体现。在此，从跨学科角度理解国家预算的详细定义。

（一）财政学角度的国家预算

国家预算的简单定义是国家的财政收支计划，包括年度的和跨年度的。财政收支计划是指将财政收入与支出计划列入表格，形成预算草案文件，经人大审议批准通过后执行的预算方案。国家预算收支计划的执行主体是广义的政府，包括广义政府的各个部门，财政部门是受托管理、编制国家预算的重要部门。预算监督主要包括人大监督、审计监督、纪检监察监督、社会监督、财政监督等。其中，审计监督是国际通行做法，属于专业监督方面的一种制度性安排，主要监督国家预算的执行情况，专业性、程序性较强。预算问题并非仅财政部门的事情，而是整个国家的事情，国家的各个党政机关、军队、事业单位乃至部分企业等，都是国家预算的执行主体。财政部门作为国家预算的一个管理部门，受托编制国家预算，即财政收支计划，其并非单指财政部门的收支计划，而是国家财政的收支计划。计划指向未来，预算同样指向未来。按照预算指标覆盖年限，预算可分为短期预算与中长期预算，预算时间越长，计划越粗。我国的年度预算越来越精细，预算科目从类细化到款、项，提交全国人大审议的报告也愈加详细。财政收支计划越详细，表明事情考虑得越细化、越全面。收入和支出也由几笔大账落实到具体科目，提高了预算透明度，体现出财政是人民的财政。基于此，国家预算就是国家财政收支计划，"计划"含义深刻，与风险紧密关联。到底计划什么？是否体现前瞻性？对此，可从财政学角度进一步琢磨。

（二）政治学角度的国家预算

毛泽东主席曾讲道："国家的预算是一个重大问题，里面反映着整个国家的政策，因为它规定政府活动的范围和方向。"这里，预算"反映"的是整个国家的政策信息，包括大政方针、规划、轻重缓急的事项安排；预算"规定"了政府活动的范围与方向，是对公权力掌握者的一种底层约束，是关住公权力的制度笼子的底座。一旦这个制度笼子的底座有漏洞或垮塌，上面的笼子织得再密也会形同虚设。预算是约束广义政府活动范围和方向的一种制度安排，可以从国家预算安排、执行中了解国家各项政策。

预算的一项重大政治功能就是约束公权。因为公权的行使离不开财力的支撑；权力机关的成立及运行，政府职责的履行与政府的活动，政府出台的政策等，都离不开财力支撑。财力支撑本身就是一种约束。管住了国家的财力，基本就管住了公权力的行使。国家财力规模在某种程度上决定了广义政府活动范围及能力。现代政治学里，广义政府权力受宪法制约，必须在宪法、法律规定范围之内进行活动。预算理应属于宪法层次，从现实来看，现行预算远没有达到宪法层次，虽有《预算法》，但《预算法》在执行过程中需进一步完善。

从政治学角度，国家预算本质上体现的是权利和权力的关系。"权利"指的是人民的权利；"权力"指的是国家的权力，即公共权力，以人民权利约束公共权力，这是立宪的宗旨，也是预算的基本逻辑。现实生活中，呈现出一种相反现象，即公共权力在约束人民权利。真正的现代化国家，是以人民为中心的，其基本逻辑是以人民权利约束公共权力。因此，从政治学角度看，国家预算是约束公权的工具，是国家制度体系中的一项基础性制度安排。

（三）经济学角度的国家预算

国家预算是分配资金、实行宏观调控的工具。预算是赤字还是平衡，有多大的赤字，发多少公债，这都体现了宏观调控的方向。针对当前严峻的经济形势，部分观点提出要增发国债，即加大赤字。这体现出面对新风险，尤其是国内、国际风险叠加，预算尽管由全国人大审议通过，也需要相应的调整。经济学表现出国家预算进行宏观调控的工具性功能，这是功能财政的表现之一。

配置公共资源，借此促进社会资源配置优化，是国家预算的另一大功能。国家预算作为配置公共资源的基本工具,应在公共资源配置中发挥决定性作用。从现实来看,国家预算的宏观配置功能不强,公共资源宏观配置效率偏低,宏观绩效没有得到应有的重视。

(四) 社会学角度的国家预算

国家预算要平衡各方利益关系,如社会的各个阶层、各个区域、城市与乡村等。如何平衡利益关系?需要通过国家预算安排来考虑、来调节。从社会学角度讲,国家预算事关个人利益、公共利益以及社会各方面利益,是否能达到利益平衡,或者是否能对各方利益做出有效协调?如果出现利益冲突,会导致社会失衡,影响社会稳定,继而暴露公共风险。

(五) 法学角度的国家预算

国家预算是一个经全国人大审议批准通过的法律文件。全国人大与国外的国会、议会,都是民意机关,代表人民意志。因此,从法学角度,审议批准国家预算是一个授权过程,政府的职责和活动是经法定方案明确通过预算授权。通常,政府"法无授权不可为",具体机制也体现在预算,预算就是一个授权机制。在法制比较健全的国家,没有经费安排的事项是无法得到落实的,并且不能协商。由此可见,当法制健全时,各国对授权非常重视与敬畏;但在法制不健全时,授权具有较大随意性。此时,授权职能被弱化,授权成为理论概念。实际操作中,授权机制是否健全,取决于国家法治化程度,法治化程度越高,国家授权机制应当更加健全。在法治化程度较低、人治较多时,预算授权机制不完善,预算的法律属性淡化。表现在现实中,即为预算执行不严格,未按照授权行使权力。因此,建设法治中国,需要完善预算授权机制。

由此,将法学与政治学结合,会更加全面深入地认识这个问题。习近平总书记强调要"把权力关进制度的笼子里",怎么理解这句话?在中国,党的纪检机构和国家的监察机构对制度建设进行监督。从财政视角,需要完善预算授权机制,发挥预算的约束作用。从这个意义上,通过法治加持,预算加力,形成一种监督机制,才能真正做到"把权力关进制度的笼子里"。在此状态下,"把权力关进制度的笼子里"具体表现为政府严格按照预算履行职能。如果政府在履行职能过程中,做事优先于考虑预算安排,很显然就谈不上"把权力关进制度的笼子里",这是衡量依法执政、依法行政的一个重要标志。"把权力关进制度的笼子里"实际上是法治化的过程,也是需要国家预算治理不断完善的过程。财政法治是国家法治化的基础,也是衡量一个国家法治化程度的重要标志,财政的法治化程度体现了国家的法治化水平。因此,财政的法治化是国家法治化的集中体现。

(六)国家治理角度的国家预算

从国家治理角度,国家预算是防范化解公共风险、构建宏观和整体确定性的工具,是一种防范化解公共风险的机制。党的十八届三中全会后,全面深化改革的总目标发生根本性变化。坚持和完善中国特色社会主义制度，实现国家治理体系和治理能力的现代化，成为新发展阶段、新时代改革的总目标。党的十八届三中全会《决定》指出，财政是国家治理的基础和重要支柱，这是对财政的新定位，也是财政的新定义，财政问题已经超越传统经济学科的视野。通过古今中外的实践，可以认为该定位在理论上具有科学性，是对财政理论的突破性发展。

国家治理的本质是风险治理，不仅要解决当前问题和历史遗留问题导致的风险隐患，更重要的是要有前瞻性，避免在未来产生更多新问题。新问题的未来表现即为风险形态，当未来变成今天，就可能变成问题甚至危机。因此，笔者认为，当前以实践为导向，立足于现实，通过历史前瞻未来，甚至推断未来的思维方式存在较大的局限性。

现代社会正在加速变革，在数字文明趋势下，更要前瞻性地考虑风险，防范化解风险。以开车为例，在村里慢慢开车时仅需要观察前方20米。在高速公路上开车，至少要看前方200米，甚至更远。考虑速度，开飞机时，仅靠人的眼睛是不够的，需要借助雷达等技术手段，前瞻性地考虑前方是否存在风险。通过观察得出结论：人类文明的演变会越来越快，呈现加速度。农业社会时期，以千年为单位进行观察，技术、生产力、生活水平各个方面，基本维持不变。工业化文明时期，变化速度加快，观察的时间单位变为百年一大变。马克思评价资本主义时指出：工业化创造了比以前时代的生产力总和还要多。工业革命始于英国，经过200多年，世界发生巨大变化。当今世界已经进入数字文明时代，经济、社会、政府都在经历数字化过程，数字文明的变化速度以十年为观察单位，十年就有一大变。2022年5月17日，全国政协召开"推动数字经济持续健康发展"专题协商会，会议指出，数字经济变更的速度具有指数化特征。尽管世界各主要国家，包括中国，经济增长速度放缓，但在工业化时代形成的以GDP为主要指标的核算方法难以适应当前的经济形势变化，不能完全反映经济社会的变迁。因此，在人类文明呈现加速变迁特征下，我们应当具备逆向思维，以未来为前提，为当下做决定。

为什么要强调防范化解公共风险？在高速驾驶车辆时，看到前方200米处有一辆车，需要对车辆的走、停做出判断，如果前车抛锚停下，需要立刻采取行动，开始刹车。如果不刹车，由于惯性会出现撞车事故，这就是风险意识。意识到风险，就要迅速采取行动。因此，基于对未来风险状态进行充分认识和评估，从而来决定当下行动、政策，调整当下发展战略十分必要。如果没有这种逆向思维，就会如古人所说，人无远虑，必有近忧。

从实质来说，国家治理就是治理风险，努力降低公共风险，尽量避免公共危机。预算，从国家治理角度来说，是防范化解公共风险的工具。前文提及的问题，都隐含风险。如，预算能否有效约束公权？不能有效约束公权就意味着风险。政府本身也处于风险之中，通过预算能否有效平衡社会各方面利益关系，意味着公共风险的大小，事关政权的稳定。

实际上，不同学科所认识的国家预算，都可归结为风险问题。约束公权、宏观调控、平衡利益关系、法律授权等，都是在防范化解公共风险，每一个方面都是公共风险的源头，每一个源头存在于国家治理的各个领域，其中一个风险源头没防范好，未能及时化解，社会共同体（或国家）面临的公共风险就会变大，经济发展社会进步的确定性就会下降，发展就可能难以持续。因此，从国家治理角度理解国家预算，应当超越现有学科定位，把风险变为观察分析整个社会的一个新视角。

二、国家预算的终极含义是"预算"未来风险

国家预算实际是预算未来风险。将未来风险反映到当期国家预算中，具体体现在收支安排上。这里的预算是动词，可以是筹划、谋划、规划、计划等，是瞄准未来风险。如，减税，收入减少；增支，赤字就会扩大。减税、增支抑或扩大赤字、发债，都体现了对不同领域未来风险的考虑。2020年暴发的新冠疫情给我们提供了一个直观的案例，从中可以观察到，预算安排随风险调整变化。观察预算规模、结构的变化，就可了解国家面临着什么样的风险及其变化。环境污染造成生存、健康风险，预算向环境保护方面倾斜；贫困是社会风险，为全面建成小康社会，预算向脱贫方面倾斜；科技创新遭遇"卡脖子"问题，事关产业链供应链安全和国家竞争力，预算向科技创新方面倾斜。

预算的排序依据是什么？答案是依据风险来排序。年度预算中，首先依据经济社会运行风险大小排序；在中长期规划，比如中期预算，更多考虑战略风险、长期性风险。短期预算、年度预算也应当考虑战略风

险，但应急是首位。从这个意义上讲，国家预算的终极含义就是预算未来的风险，未来可以是明年，也可以是今后的3年、5年、10年甚至百年。

（一）风险社会具有高风险、高度不确定特征

强调国家预算的终极含义是预算未来的风险，是与当前时代背景紧密相连的。具体而言，抛开国际地缘政治风险，疫情风险就表明当前人类已经进入风险社会。笔者认为，疫情风险可能改变人类文明的运行轨道，就像一颗行星，遇到外力冲击，会改变其运行轨道。现在看来，全球的疫情风险对人类文明发展的影响，怎样评估都不为过。疫情风险是全局性、长期性的，会连带引发地缘政治的风险，所以整个全球治理都受到冲击。当然还有其他因素影响，比如东升西降力量对比的累积性变化，逐渐改变了全球的经济版图，使得全球治理规则，如投资规则、经贸规则，乃至一些国际组织，如WTO、联合国、世界银行等，都面临着改革，甚至重构。全球化形成了"地球村"，人类的相互依赖从来没有像今天这样紧密，成为一个"风险共同体"；而当前的逆全球化、隔离、脱钩的举动，使全球公共风险急剧上升，"风险社会"从概念变成了不得不接受的现实。

风险社会具有高风险、高度不确定性的特征。一般意义上，风险无处不有，无时不在，为什么唯独现在称为风险社会？这与前文提及的人类文明变迁加速度有关。社会加速变迁导致同样的风险事件产生的后果完全不同，文明变迁的加速度就是一个新参照系。如果不考虑加速度，将文明变迁视为匀速运动，参照系可以不变，但如果有加速

度，参照系就得改变。如，在城里开车，鸟碰到车，鸟可能死了，车脏了，但是开飞机碰到一只鸟，可能鸟死了，飞机也下坠了。同样的风险事件，在不同的参照系里，产生的风险后果完全不同。所以，思考问题需要调整参照系，不能按照过去的想法思考当前所面临的风险。现在的风险，不是黑天鹅，而是蝴蝶效应。亚马孙森林里一只蝴蝶扇动翅膀，有可能在北美引发一场暴风雨。当我们看到蝴蝶扇动翅膀的时候，会意识到风险吗？风险具有高度隐蔽性特征，有时候看不到，这意味着要从新角度、运用新方法认识风险。如温水煮青蛙，开始没有意识到风险，等知道的时候为时已晚，这就是风险社会的一个特征。风险社会的蝴蝶效应，并非一只蝴蝶扇动翅膀，而是多只蝴蝶扇动翅膀，引发的蝴蝶效应非同小可，引发的风险可能相互交织，相互叠加，从而相互放大。

以前的风险可以引发经济风险、社会风险及政治风险，这是风险社会表现出来的风险生成新特征，当前风险的生成机制已经发生根本性变化。过去主要从市场角度，在宏观确定性条件下研究市场风险。在环境确定的情况下，多人一起玩游戏，如果突然地震，房子是危房，游戏无法正常进行，这是宏观风险，即公共风险。过去考虑市场问题，考虑的是游戏规则，游戏里有不确定性，玩游戏就是因为有不确定性才有乐趣。所以研究市场经济风险类似游戏中的不确定性，是在假设宏观确定性前提下，研究微观不确定性。例如企业投资、金融运作，都是微观不确定性，但是这种微观不确定性引致的风险，也可能演变成公共风险，加大宏观不确定性。

玩牌时，有些玩家比较文明，游戏结束后开心离开，也有玩牌起冲突，甚至大打出手，这时就远远超出游戏风险，形成公共风险。市场运作过程中，也会有类似情况发生，风险溢出市场，变成公共风险。例如，市场头部企业，资产负债规模很大，关联企业很多，当出现违约风险时，继而会引发一系列风险。这些风险是市场的问题，但可能演变成公共风险。为什么？企业偿债和流动性出现问题，例如房企，有很多楼盘尚未交付，这就会出现连锁反应，引发社会不稳定风险。我国对此类风险高度重视，要求地方政府介入。地方政府介入，将所有房地产公司的楼盘列入监管，将商品房所在地的房地产公司现金全部冻结，保证当地商品房能按时交付，避免不能按时交房所引发的社会风险。但由于房地产公司多为集团公司，资金全被冻结在各个地方的楼盘，资金流动性紧张，银行担心其无法偿还贷款，可能会取消贷款甚至撤贷，使得流动性更加紧张，进而导致整个房地产行业螺旋式下行。投资急剧下降，新开建的房屋数量急剧下降，对经济产生连锁反应式的影响。一个行业，连带影响经济、政府、居民的资产负债表，居民的资产负债表与房地产直接相关联，进而影响地方政府的资产负债表。

　　地方政府主要依靠土地获取基金预算收入，土地市场下行，地方财政收入减少，会演变出一系列问题。银行也是如此，贷款不良率可能上升。以此事件为案例，剖析风险的传递机制。供给侧方面，出发点是防范风险，但在防范风险的过程中使风险进一步放大，这一后果是难以预料的。风险演变具有多种可能性，我们只看到风险的一种可能性，未观察到风险的其他可能性；或者只看到了一类风险，对于另一类风险处于未知状态，这种情况下会引发一系列风险，这就是风险社会的特征。

数字化趋势下，风险社会的相互依赖越来越紧密，通过对时间和空间的压缩，使地球变成地球村，何况是一个国家呢。因此，在考虑风险问题时，要抛弃绝对时空观看待问题，在全球化背景下，要以相对时空观看待问题。产业分工协作体系全球化，全球相互依赖，紧密地联系在一起，每个国家都在全球化的产业链中发挥作用。以地球村或前文提及的蝴蝶效应理解时间与空间的压缩状态，说明我们现在处于风险社会。

（二）预算是构建确定性的工具

预算能够防范化解公共风险，可为经济社会运行和发展带来更大确定性。因此，预算是构建确定性的工具，是构建经济社会运行、发展确定性的工具。预算为政府的政策安排、活动安排提供依据，为公共部门运行增加确定性。假如没有预算，各部门工作可能杂乱无章，政策实施可能变得无序。正是因为预算作为构建确定性工具发挥作用，所以政策具备实施基础。预算能够约束公权，使国家权力有序运行，防止腐败，使国家恰当地履行职责，避免公权力对人民群众权利的肆意干扰侵蚀，为经济社会发展带来确定性。

1921年美国颁布的《预算和会计法案》被称为美国的"第二次建国"，反映出预算对国家治理的极端重要性。建立预算制度前，美国政府各部门自收自支，各自汇总向国会汇报，但是无法看到整个政府的收支规模及结构。在这种情况下，政府不透明，裙带关系盛行，权力与垄断资本勾连，市场经济秩序陷入混乱，受此影响，社会也不稳定。当时美国正处于"进步时代"，在这一运动背景下，出台《预算和会计法》，旨在通过预算约束政府，防止腐败，扩大政府活动透明度，接受民众监督。国家预算制度的建立，提升了政府活动的法治化程度和透明度，为美国的国家治理奠定了基础。从中不难看出，对于经济社会运行、发展而言，预算是为构建国家与市场关系、国家与社会关系确定性的工具。国家发展能否可持续，确定性有多大，取决于预算制度的运行状态。因此，基于国外实践以及逻辑推理，均可以证明预算是构建确定性的工具。

（三）预算是未来风险的投影，风险决定预算政策的走向

预算指向未来，未来风险可投影到当前预算中。照此分析，若预算编制能够较好地反映未来风险状况，则意味着预算为防范化解公共风险创造了前提条件。未来风险投影到当今预算，表明预算与风险是叠加态，通过当下行动的改变来避免未来风险真实发生。由于风险难以捉摸，采用传统的逻辑思维难以证伪，只能通过思想实验，借助丰富的想象力进行研究，形成专业的揭示风险的方法和技术。

当今，数字化是思想实验的主要发展方向。人类的未来无法预测和设计，但却是人类集体构建的，也可以说是人类思想实验的一个结果。数字化为模拟未来世界，描绘未来风险图景创造了条件。人类社会谋划未来可更多通过强化思想实验，将未来风险投影到当下，预算也成为人类思想实验的一部分，映射未来风险的工具，提升了构建确定性的能力。

投射到当下的未来风险决定了预算政策走向，使预算政策能够指导预算编制。但是，当前的预算政策清晰度不够，未来风险尚不能准确地反映在当前的预算当中。

（四）公共风险预期是预算编制、执行和监督的最终依据

预算是未来风险的投影，公共风险预期是预算编制、预算执行、预算监督的依据。倘若没有公共风险预期，预算的编制、执行就会失去依据。按照过去惯性编制预算，"基数+增长"的方法，并没有瞄准风险，最终很难对冲风险，甚至引发和累积风险。预算执行也是以风险为依规，执行中可能产生风险，且发生新变化，这时需要进行预算调整。监督预算实际上也是监督风险，监督预算执行过程中的风险，及其是否有效对冲风险。如果花钱没把事办好，反而办砸了，可能不但没有对冲风险，反而引发新的风险。预算从编制、执行到监督，每个环节都是以公共风险为依归。换句话，以公共风险衡量预算编制、执行和监督的质量，最终落脚点都是风险，区别仅仅在于风险样态的不同。

（五）风险预期的思想实验

1.风险归宿分析法

基本原理是公共风险决定预算政策，假设所有风险是个体风险或

私人风险，不是公共风险，进而判断风险的最终归宿。当政府不需要承担风险时，风险的最终归属不是政府，说明这不是公共风险。以教育为例，假设所有教育都不需要政府介入，义务教育、高等教育、国外留学教育会是什么状况？通过思想实验，可以发现，政府对义务教育放手，家庭贫困的孩子无法接受义务教育，社会文盲数量可能会增多，导致人力资本积累不足，当社会需要相应劳动力时，找不到合格的人力，就会暴露发展的风险。同时，文盲多了，社会文明程度难以提高，进而带来社会风险。可见，义务教育引发的风险会转化为公共风险，回归到政府身上，因此，义务教育具有公共性，需要政府介入，保障所有适龄儿童都能受到良好的义务教育，进而化解该风险。

在风险判断中，可以采用该法判断风险是个体风险还是公共风险。依据假设，如果对风险放任不管，最终仍然会回归到政府，类似"飞去来器"，投出后能飞回原处，表明这是一种公共风险。在当前预算安排中，采取措施安排财力对冲风险。由于社会实验的代价无法承担，这个判断只能做思想实验。

2.反向假设分析法

基本原理是预算政策的使命是防范化解公共风险。假设预算安排不正当，取消某项预算开支后，观察是否会引发风险。假如取消某项预算安排，风险暴露，公共风险扩散，说明预算安排正当；如果取消某项预算安排，没有引发风险，说明预算安排不正当。

对预算安排进行正当性检验，需要以上两种方法结合使用。第一种方法检验预算安排是否"缺位"。预算安排中是否忽略公共风险，没有通过预算来对冲风险。第二种方法检验预算安排是否"越位"。取消某项预算安排，并没有引发公共风险，说明预算安排不正当。两种方法组合使用能够消除预算缺位、越位，保障宏观绩效——有效配置公共资源，对冲公共风险。

三、当前国家预算存在的问题

（一）预算路径依赖，前瞻性不足

基于历史，当前主要采用"基数+增长"的方式编制预算，而基数中隐含着一些不确定性的和不合理的安排。例如，一些不合理的预算安排，日积月累形成基数，成为部门既得利益，且难以取消，致使预算编制形成严重的路径依赖，预算结构越来越偏离未来风险预期。

（二）预算政策模糊

预算政策模糊是指缺乏将宏观政策转化为预算政策的具体机制和方法。比如经济政策、社会政策等宏观政策，应当转化为预算政策，具体地指导预算编制。但是风险揭示不充分，转化机制不成熟，预算政策的需求不明显。预算编制采用"基数+增长"模式，难以将宏观政策转化为预算政策。整体上，基于国家层面，从国家治理角度，宏观政策是针对风险的。但现行的宏观政策多是基于解决眼下的现实问题，基于未来风险防范的宏观政策缺失。在此情况下，宏观政策转化成预算政策更加困难,基于未来风险的预算往往变异为基于当下应急的预算。偏重年度预算,中长期预算缺位,也是当前预算变异的一种体现。

(三)事与钱脱节,钱被动跟随事走

基于国家整体规划,政府各部门都有自己的规划和政策,其中隐含的支出责任无人知晓,导致事与钱脱节。如规划因资金不到位而无法落地实施。从时间维度看,年度预算难以约束政府部门;各部门潜在支出责任没有显现,所以很难通过中期财政规划或者跨年度预算施加约束。规划、政策未落实,意味着没有对社会兑现承诺,政府公信力受损,引发社会风险,产生"雪上加霜"的风险效应。不仅如此,事与钱脱节问题很容易产生法律风险,如造成各种政府欠账。同时,对于财政部门,预算被动地根据事情进行安排,预算约束公权的作用未得到充分发挥。这与预算法治化水平不高有很大关系。现实中,预算安排、执行随意性较大,不仅造成资金浪费,而且没有对冲风险。多部门提到资金跟着项目走,但项目跟着什么走?项目布局是否经过充分评估,是否能起到对冲经济风险的作用?这都是有待解决的问题。结合短期与长期规划,从资金对冲风险角度,资金尚未有效发挥作用。为实现资金与项目有效结合,财政部门需从整体考虑未来风险。前瞻性地考虑风险(风险预期),可引导预算编制、执行与监督。缺少风险预期,会使政府处于被动状态,对冲风险也是一种被动状态,改变被动状态,强化风险预期是国家预算治理中的核心问题。

（四）统筹能力不足

统筹能力不仅是财力统筹，更是各种资源的统筹。当前重微观使用效率，轻宏观配置效率，这里的效率包括经济、社会、生态等方面的权衡。偏重微观具体项目绩效评估，但是公共资源的宏观配置如何？尚不清楚。仅根据大政方针政策，按照"基础+增长"的方法编制预算，导致统筹能力不足。如，政府性基金预算是一个妥协产物。当时为争取相关部门支持取消预算外资金，采取过渡性办法，建立基金预算。当前基金预算、一般公共预算之间调整，某种程度上成为地方与中央的博弈工具，一个财政赤字大小的调节工具。基金预算中不考虑赤字，只有一般公共预算中考虑赤字，赤字在两个预算之间来回调整。四本政府预算之间统筹、存量公共资源的统筹，都通过完善相应制度来强化。

预算的统筹功能不强，也表明预算对冲风险的能力有限。在公共风险水平高企的条件下，预算的宏观配置能力决定了国家治理的效能。

（五）风险导向观念淡薄

只有风险预期明晰，当前预算充分体现未来风险，预算编制才真正实现风险导向。但问题是，这种风险导向观念目前并没有建立起来。防范化解重大风险，需要具体机制、具体方法，更需要改变思维方式，这是一个根本性的问题。理论界有责任在这方面先行一步，要把公共风险从一个概念转化为一种研究范式。观念来自于理论，观念更新取决于理论更新。实际操作旨在解决问题，而问题总是与风险相关。如果我们注重未来问题，对冲风险，现在的问题就会减少。如果不注重未来风险，未来风险就会变成今天的问题，今天的问题就会越来越多。

四、国家预算改革的方向

（一）以风险治理为核心完善国家预算体系

国家治理的实质是风险治理，预算也无法偏离风险治理。财政是国家治理的基础，预算作为财政的重要内容，以防范化解风险为使命，根据风险预期，以风险为导向，编制预算，从而有效对冲风险，让我们拥有更加确定的未来。从风险治理角度考虑问题，以风险治理为核心完善国家治理体系，包括四本预算、五级预算。如果偏离风险，全局性、整体性、前瞻性可能都将丧失。反过来，如果有很强的风险思维、风险意识和理念，更有风险预期的具体方法，如思想实验，政府的行动自然就具有全局性、前瞻性、整体性。

（二）公开透明，多元互动治理

治理与管理的区别在于治理是互动的，管理是单向的。按照传统，治理须走群众路线。市场经济中，走群众路线，就是让社会培育出自我组织、自我管理、自我约束的能力，这是善治的基础。虽然每个人都是风险源，但在多元互动中及时化解风险源，蝴蝶效应就会被阻断。达到这一目的的前提是预算公开透明，从风险角度，即风险要公开透明,这样更有利于凝聚共识,形成合力。

(三)强化预算的"治权"功能

一方面,强化预算对政府活动范围和方向的约束,即约束公权。公权的无序使用、无序运行,是公共风险的重要来源。防范化解公共风险是政府的职责。如果对政府约束不力,公权力的行使无序,甚至公权力无序扩张,反而会产生更大的风险。

另一方面,强化对民众权利的保障作用,免于基本生存与发展的风险。在基本教育、基本医疗、基本住房等涉及民众具体生活方面,如果政府履职不到位,容易引发公共风险。基于此,国家预算要充分保护民众权利。农民问题一直是我国发展中面临的重要问题,虽然预算安排逐步向农村倾斜,但从国家治理来看,农民的社会身份问题尚未解决。从户籍来看,农民占全国人口总数的比例超过半数,这表明在快速工业化市场化城市化过程中,社会虽然在转型,但是传统计划经济之上的"计划社会"依然存在。这不仅表现在农民、农村,也表现在科教文卫领域。科教文卫的微观基础就是传统的事业单位,与以往比没有太大变化。实际上,我国依然是以农民为主体,在实现以人为核心的现代化进程中,农民权利的平等保障是关键。

所以,预算安排要强化治权,应充分考虑社会不同阶层,尤其在城乡二元分治基础上,不同群体的基本权利保障问题,这与预算有直接关系。如果农民问题处理不好,会引发中国可持续发展的风险以及现代化进程中的风险。

（四）完善风险导向的预算政策，形成"公共政策—预算政策—预算安排"转化机制

依据公共风险逻辑制定公共政策，注重从整体上防范化解公共风险，尤其是注重防范化解中长期经济风险；关注经济、社会、生态等多领域的公共风险。以整体性、系统性、长期性为特点，形成"风险—政策"分析框架，最大限度地避免风险盲区，为可持续发展构建确定性。同时，树立以风险为导向的预算编制审查理念，基于风险进行观察、分析和判断，综合统筹收入支出大盘子，考虑债务规模、支出倾斜方向及支出进度等内容；强化风险导向的预算政策，充分调动政府、企业等多主体防范化解风险的积极性，激发内生动力。改进现有"基数+增长"预算编制方法，以公共价值为核心，依次做好年度预算与中期财政规划、五年财政规划及经济社会发展规划的有效衔接。这里，公共价值的实现有赖于公共风险的对冲而注入的确定性。基于风险导向形成的公共政策能够更加有效地转化为预算政策，加之树立以风险导向的预算编制审查理念及预算编制方法的改进，预算政策可更好地指导预算编制，进而形成"公共政策—预算政策—预算安排"转化机制。

（五）发挥预算在国家公共资源配置中的决定性作用

借助市场机制的运行逻辑，通过预算安排发挥其在公共资源配置中的决定性作用。前文所提到的钱与事脱节、统筹能力不足的问题，

表明预算安排呈现被动性特征，预算在国家公共资源配置中的决定性作用并没有充分发挥。真正实现预算约束公权力，发挥公共资源配置的决定性作用，需要紧跟时代步伐，转变现有观念，强化风险导向，提高国家治理的效能，有效防范化解公共风险。只有充分发挥预算在国家公共资源配置中的决定性作用，才能为有效治理公共风险提供前置条件，为国家发展、社会经济运行注入更多确定性。

朱大旗

法学博士,中国人民大学法学院教授、博士生导师。中国人民大学学位评定委员会法学分会副主席,法学院学术委员会委员、人才人事委员会委员、财务监督委员会主任委员,中国人民大学经济法学研究中心主任、财税法研究所所长、金融法研究所所长。兼任中国财税法学研究会副会长,中国法学期刊研究会副会长,中国经济法学研究会常务理事,中国银行法学研究会常务理事,中国国家预算治理研究联盟副理事长,最高人民检察院民事行政诉讼监督案件专家委员会委员,财政部法律顾问,北京市法学会常务理事,北京市经济法学会会长,北京市人大常委会立法咨询专家,北京市法制办法制工作顾问,北京市高级法学法律人才专家库专家等。主要研究领域为经济法、财税法、金融法,在《中国社会科学》《中国法学》《法学家》等报刊发表论文140多篇,主要著作有《金融法》《税法》《〈税收征收管理法〉修订问题研究》《〈中华人民共和国预算法〉释义》《合同违约赔偿》《消费者权益保护赔偿》等。

第四讲 现代预算权体系中的人民主体地位*

内容提要

我国预算目的认知已从实现国家职能、保障公权力行使逐渐转变为满足公共需求、促进民众权利实现；相应地，预算权力格局也应从以行政权力主体为统领转变为以人民为主体。为此，应深刻体认和秉持"以人为本""人民主权""人民至上"的基本理念，进一步落实财政预算法治的立法保留原则、完善人大代表的预算审批权和监督权、明确民众直接性的预算权利，夯实现代预算权体系中人民主体地位的基础。

---

* 这是朱大旗教授2022年6月25日在国家预算治理大讲堂的演讲稿，根据录音和相关材料整理，并经本人审阅。

在迈向现代预算也即公共预算、法治预算的进程中，我国对预算目的的认知已由片面强调实现国家职能、保障公权力行使逐步转变为满足公共需求、促进民众权利的实现。这一点在我国2014年8月修订通过的《预算法》第一条关于立法宗旨的修改中有比较集中的体现。正因为这种基本理念的转变，预算权力格局不能再由公权力主体尤其是行政公权主体所统领，如何更好地彰显人民在预算过程中的主体地位，如何在预算过程中切实体现和贯彻人民的利益与意愿，就成为我国预算权体系变革的方向。认真对待这种变革，我们应深刻体认和秉持"以人为本""人民主权""人民至上"的基本理念，进一步落实财政预算法治的立法保留原则、完善人大代表的预算审批权和监督权、明确民众直接性的预算权利。这是夯实现代预算权体系中人民主体地位的基础，也是贯彻落实习近平同志反复倡导和强调的"以人民为中心的发展思想""实行全过程人民民主"的必然要求。

一、今昔预算目的之差异

"古专制国无所谓豫算也，国家之财产，由一人任意挥霍，人民不得过问，不过有君主之私账而已。"① 此为夙昔"家国一体"的专制国家"私财政"的生动写照。在奴隶制、农奴制社会，在"普天之下，莫非王土；率土之滨，莫非王臣"的国有制（也即王有制）经济和"朕即国家""皇帝的命令即是法律"的政治环境中，作为生产力和社会

---

① 熊元楷，熊元襄.财政学[M].上海：上海人民出版社，2013：170.

财富创造者的人民（奴隶、农奴）没有或基本上不具有独立的经济生活、政治生活中的主体地位，相反，在更多的情形下是被当作物品、当作工具、当作客体来看待的，只享有被任意剥削、奴役的权利和自由。降至近代，由于民权意识的觉醒和立宪制度之发达，统治者的收入和支出都应获得被统治者的授权，始有预算之萌芽，预算成为"统治者向被统治者要求赋予关于收入、支出权限的申请书，一旦得到被统治者的一致认可，则成为赋予统治者必要的收支权限的授权书。"① 而在预算制度逐步走向成熟、迈向现代的进程中，预算作为被统治者用以控制统治者财政收支的手段，也经历着两种不同程度的发展阶段：(1) 昔日第一阶段的预算，以实现国家职能、保障公权力行使为目的，可称之为"政府预算"。(2) 今日第二阶段的预算，以满足公共需求、促进民众权利实现为目的，可称之为"公共预算"。

昔日第一阶段的预算，其目的在于实现国家职能和保障公权力行使，故昔日预算制度之设计以重视维护公权力主体的过程主导性与利益支配性为导向，将预算仅视作政治国家管理公民社会之工具。我国1994年的旧《预算法》立法也深受此思想的影响，其立法宗旨采用了"强化预算的分配和监督职能，健全国家对预算的管理，加强国家宏观调控"②的立法表述，对预算实质的认知带有浓厚的国家计划主义和权力主导之色彩。正是受这种强烈的权力主义色彩的影响，为保障国家职能的实现和权力行使的效率，1994年通过的《预算法》在预算权

---

① 神野直彦.财政学——财政现象的实体化分析[M].彭曦,等,译.南京:南京大学出版社,2012:65.
② 《中华人民共和国预算法》,1994年3月22日第八届全国人民代表大会第二次会议通过,主席令第21号公布。

的配置上，极尽所能地强调行政权力主体在预算权体系中的核心地位，行政权力主体处于垄断地位是整个预算权体系的真实写照，最终在现实实践中导致了预算权体系生态的非协调性发展——政府预算权高度集中、缺乏制约，人大预算权极为羸弱、难有作为，公众预算权受到忽略、地位渺小。

今日第二阶段的预算，其目的在于满足公共需求和促进民众权利实现，故今日预算制度之设计应以注重发挥权利主体的主观能动性与公共选择性为依归，预算即缘此发展为公民社会（也即人民大众）治理政治国家之利器。在此思想指引下，在推进国家治理现代化的大背景下，2014年8月修订通过的我国新《预算法》对立法宗旨的认知出现了重大转变与进步，明确提出要"规范政府收支行为，强化预算约束，加强对预算的管理和监督，建立健全全面规范、公开透明的预算制度"①。这一宗旨摒弃了权力主义的色彩，体现了对财政收支行为进行控制和监督的要求。

今昔预算法立法基本目的之差异，势必将改变预算权的本体属性和价值追求。诚如德国法学家施塔姆勒所言，"如果法的存在理由仅仅是作为一个统一社会的条件这一点，那么如果它根本偏离了为它设定的方向，它就会陷入一种致命的矛盾之中。因此可以认为，每个法律规则就其法律性和对其基本理念的真实性而言，都构成了一种通向正义的统一意志和倾向的要素。"②依理应用到《预算法》上来，《预算法》

---

① 《中华人民共和国预算法》，根据2014年8月31日第十二届全国人民代表大会常务委员会第十次会议《关于修改〈中华人民共和国预算法〉的决定》修正。
② 施塔姆勒.正义法的理论[M].夏彦才，译.北京：商务印书馆，2012：19.

的宗旨定位既已超越了保障国家职能和权力行使的阶段，那么，即使旧《预算法》依然能在一定时间内发挥优化资源配置、维护市场统一、促进社会公平的功能，预算权的配置格局也不能再偏安于用以维护权力主体权威的绝对性之一隅，而必须打破以行政权力主体为统领的预算权力格局，彰显人民大众在全口径预算治理中的主体地位、主导地位、至上地位，实行预算全过程人民民主。换言之，预算法立法宗旨、立法目的变了，受其统领和指引的预算权力配置规则也应该相应发生改变。

二、预算权力格局之转变

预算权力格局随着预算认知理念的不同而发生相应转变。基于对预算目的的新型认知，为了满足公共需求与促进权利实现，预算权体系应展现出一种开放的性格，吸纳更多与预算利益密切相关的主体加盟，只有通过不同利益主体或相互竞争主体之间的充分博弈，来形成一种多元化的利益平衡格局，才能充分提高预算治理的水平。按照我国《宪法》第二条第一款的规定，"中华人民共和国的一切权力属于人民"，也就表明只有以人民为本位，实践人民当家作主，才是国家治理的逻辑起点、行动议程及目标追求[1]。那么，作为服务于公共需求与公民权利的预算法，应秉承预算治理的逻辑，通过高度尊重人民的主体

---

[1] 林尚立.以人民为本位的社会主义国家建设理论：政治学对科学社会主义的发现[J].政治学研究，2014（4）：3-17.

性，实现人民的意志表达——有权要求国家对人民利益或公共意愿予以作为或者不作为。进言之，人民应是预算权体系中的最高主体，预算权的配置过程必须充分尊重人民的主体地位，人民所享有的不应是一种过于抽象与笼统而无法在预算法实践中予以行使的权力，而应将人民的主体地位充分贯彻落实到预算权体系的每一个环节。概言之，广大人民群众不仅是预算权力产生的授权者和委托者，是预算权力结构的主导者和决策者，亦是预算权力运行的监督者和护航者（保障者）。按照预算权力格局转变之方向，以下拟从人民主体的视角对预算权进行系统的思考与整理，对预算权的本质予以适当诠释。

第一，从预算权的产生和目的来看，广大人民群众既是预算权的来源者，也是预算权行使致力于服务的最终对象。

从宏观视角进行思考，"国家非为本身而存在，乃为执行某种受托之职务而存在"[①]，作为政治共同体（的国家）之构建与运转可拟制为一种隐喻性的信托关系之上。1946年战后日本《宪法》序言更明确宣称："兹宣布主权属于国民，并制定本宪法。国政源于国民的严肃信托，其权威来自国民，其权力由国民的代表行使，其福利由国民享受。这是人类普遍的原理，本宪法即以此原理为根据。凡与此相反的一切宪法、法律、法令和诏敕，我们均将排除之。"基于这种政治体的受托性，将其应用到公共财政理念上来。我认为现代预算制度则是一种法定的公益信托和自益信托相混合的信托。现代预算乃是委托人（人民）基于对国家的信任而让渡部分私有财产集合成公共经济资源（信托财

---

① 何廉，李锐.财政学[M].北京：商务印书馆，2011：7.

产，即公共财政资金），受托人（政府）基于信托协议（宪法、预算法以及预算案等）管理、经营、使用以及分配这些公共经济资源，以实现受益人（人民）的信托利益。概言之，预算权的产生目的归根到底是要保障公共财政收入的来源者（委托人、纳税人）即公共财政支出的受益人——广大人民群众的财政信托利益最大化，保障人民大众的公共财政福利和社会公共需要得到最大化、最优化地实现或满足。

第二，从预算权的权力结构设计来看，能够充分发挥广大人民群众的主观能动性和公共选择性的制度设计，应是最为理想的权力构造。

根据人民与政府之间的联动关系，"显然能够充分满足社会所有要求的唯一政府，是全体人民参加的政府：任何参加，即使是参加最小公共职务也是有益的……只有容许所有的人在国家主权中都有一份才是终究可以想望的。"[1]因此，最佳的预算权力结构设计必须摒弃国家本位的狭隘视域，不能湮灭了人民的主体地位和能动作用，国家也不能总是以人民的利益代表自居进而以国家的利益满足去覆盖人民的利益表达。因此，预算权的结构设计需要高度重视人民主体身份的普遍适用，并对其核心要义进行明确表述和合理划界。这也就要求，《预算法》应通过具体制度设计，最大限度地增加人民预算权力（利）的具体表达，通过尊崇以人为本的思想为人民主体在预算权主体的权力谱系中争取到最大限度的选择和决策空间，将人民主权落实为预算过程中的具体主观权利（即一个个体——法人或者自然人所能利用的权利）。因为，"具体的权利不仅从抽象的法中获得生命和力量，而且它

---

[1] ［英］约翰·密尔.代议制政府［M］.汪瑄，译.北京：商务印书馆，1982：55.

也还抽象的法以生命和力量。"① 只有充分融合了人民主体地位进而广泛调动人民大众积极性（也即建设性地运用人类所有才能和能力）的预算法才能获得更强的生命力，这时，客观意义上的预算法与主观意义上的权利之间也才能呈现出相互促进、良性循环的关系。

第三，从预算权的运行过程而言，它一方面要能传达和满足人民的利益需求，另一方面也离不开广大人民群众的监督、制约和保障。

对于前者（诉求表达），在当前日益复杂与不可预测的动态预算环境下，预算权的运行将面对千千万万公民之间不同公共诉求的权利表达，主要是依赖和信任代议制民主的表达渠道，但是为了防止代议制民主机制异化成政治精英独占下的官僚性平台，使得代议制民主下的预算权运行反而蜕化变质为一种反向控制人民利益表达的合法手段，那么还应设计和通过人民大众直接的利益表达和权利参与机制，促使预算权的基础逐渐从强权转变为权利②。尤其在现代社会公民利益需求不断分化的情形下，为了缓和国家与人民之间可能存在的冲突与对抗，通过发挥人民大众的直接预算权利来影响预算资源的配置过程，将有助于提高预算资源的配置效率，增进政府与人民之间的信任，促进社会公共利益最大化目标的实现。

对于后者（监督、制约和保障），为确保预算最终目标的实现，现代民主法治国家一般都建立比较全面和完善的预算监督法律体系。这一监督体系，除了传统意义上停留于行政权力内部的预算监督（主要

---

① [德]鲁道夫·冯·耶林.为权利而斗争[M].郑永流，译.北京：法律出版社，2012：25.
② [美]格尔哈特·伦斯基.权力与特权：社会分层的理论[M].关信平，等，译.杭州：浙江人民出版社，1988：70.

指财政部门对财政收支行为进行的专门监督）和司法机关的审判监督（主要指司法机关对预算违法、犯罪行为实施行政救济权和犯罪处罚权）外，还包括代议制主体的预算监督（立法机构监督）以及作为预算权最高主权者——人民大众的社会监督，其主要应包括广泛存在的预算知情权、重大公共收支行为的决策权和听证权、预算过程中的表达权、检举控告权等。

总之，无论是对人民公共诉求的传达与满足，还是对人民作为预算监督最高主体的认可与尊重，都反映出现代预算权运行的合理范式应该是使人民能够自主地、忠诚地、清醒地判断和履行治理与被治理的双重角色，即使在规范意义上人民主体的结构要素（组织化、集团化）正变得更加复杂，但这至少预示出现代预算权力体系的格局将尽可能朝着尊重人民主体地位的方向进行转变。

三、人民主体地位的预算法表达

（一）深刻体认和秉持"以人为本""人民主权""人民至上"的基本理念

"国家，作为个人的合作性组织，必须反映他们（即个人）的利益和关心的问题。"[①]在现代预算的理念下，预算作为治理国家收支行为的基石，"以人为本""人民主权""人民至上"应在整个预算治理中占

---

① James M.Buchanan, Richard A.Musgrave.Public Finance and Public Choice: Two Contrasting Visions of the State [M].Cambridge, MA: MIT Press, 1999: 32.

据关键地位,应该得到执政党、政府各部门和社会各界的深刻体认和秉持。而如何确立人民的主体性地位将是整个现代预算权体系构建的价值基础和核心任务。在我国的政治民主生态下,这种主体性的充分表达必须要能充分保证人民依法实行民主选举、民主决策、民主管理、民主监督,这是人民主体地位的民主保障、法治要求。

将其融入具体规范意义上预算权力(利)的表现样态上来,人民主体地位的落实主要表现为三个层面:一是财政预算立法权属于法律保留的事项,对于国家的预算行为(如预算编制行为、预算审批行为、预算执行及调整行为、预算决算与审计行为等)均应由立法机关通过正式法律的形式进行规范和调整;二是完善以代议制民主为基础的代表性预算权力,一切具体的预算收支活动都应当由具有直接民主正当性的代议制机构来予以授权,人民通过民主选举人大代表,使其代为传递和表达自身的利益诉求以及对政府的公共财政收支管理活动进行监督;三是有序拓展人民直接拥有的预算权利,在预算的编制、审批、执行和监督过程中,公民个体或集体通过与预算权力主体的理性对话、协商沟通、推理辩论等,参与、影响甚至决定公共经济资源的配置过程[①]。

(二)财政预算立法保留原则的落实

财政为庶政之母,预算是财政之基,财政预算乃是对国家具有特别重要作用的事项,是国家治理的基础和重要支柱。为了限制行政以

---

① 蒋悟真.中国预算法实施的现实路径[J].中国社会科学,2014(9):125-145.

自有的力量恣意进行预算行为，必须要求任何预算行为都应以法律规定为依据。法律是预算行为的必要基础，预算行为依附于法律而存在。

所谓财政预算法律，系指由全国人民或其选出之代表组成立法机关，按照《立法法》和相关法律的规定，历经财政、预算法案的提出、审议、表决、公布等严格立法程序之后而生效的法律。财政、预算立法的法律保留原则，不仅将行政主体的预算活动、预算行为视为规范对象，同时还将立法主体自身的预算活动、预算行为也纳入拘束范围。例如，为了防止立法主体权限的不当扩张，侵入行政主体的自主权限，从而违反权力分立的基本原则，我国台湾地区"宪法"第70条就规定："立法院对于行政院所提预算案，不得为增加支出之提议。"

同时，许多国家甚至将财政、预算立法的法律保留上升到宪法保留的地位，将财政、预算法律的一些规则在宪法之中予以了明确规定（如有关预算决算的规制、原则、程序的构架，关涉财政权基本体制的立法、行政、司法的权限划分，中央与地方税权划分、税种的开征、停征等），从而奠定了公共预算之不同主体的活动基础。预算宪法保留原则的落定，起初主要体现为对收入的控制（control of revenue），例如英国《自由大宪章》（1215年）第12条规定："朕除下列3项税金外，不得征收代役税或贡金，惟全国公意所许可者，不在此限。"后来，为避免人民的独立财产权利遭到政府的非法侵犯或不当干预，预算宪法保留也开始重视对财政支出的理性控制，在宪法上确立了预算支用的议会批准原则，例如英国《权利法案》（1689年）宣告"未经议会同意，凭借国王特权而超越议会批准的或者可能批准的期限或者方式征税以供国王之用，为非法"。美国宪法第1条第9款也规定："除了依照法律的规定拨款之外，不得自国库中提出任何款项。"

反观我国财政、预算立法保留原则之表现，虽然《立法法》第八条第六项、第九项已经明定税收、财政的基本事项只能制定法律，对于尚未制定法律的，第九条授权国务院可对其中部分事项制定行政法规。然而，归纳我国财政、预算立法的实际情形，《宪法》中对预算基本规则的表达极为有限，除了一部基础性的《预算法》之外，许多极为重要的财政、预算法律仍处于缺失的状况。比照日本财政立法的现状，其先后制定了一系列财政、预算方面的法律，如确保财政健全运营和实现公平公正课税的《财务省设置法》、事关中央政府预算和财政基本问题的《财政法》（类同于我国的《预算法》）、有关国库收支的基本经营规则的《国库法》、妥善管理中央政府债权的《关于中央政府债权管理等的法律》、管理中央所有的动产的《物品管理法》、谋求地方之间财源均衡化和强化地方政府治理独立性的《地方交付税法》、确保地方财政稳健运行和中央地方财政关系的《地方财政法》等。因此，针对目前我国财政、预算立法仍比较落后的现状，需要加大财政、预算立法的步伐，亟待制定如财政基本法、财政转移支付法、公债法、国有资产法等财政、预算法律，完善政府采购法、招投标法等法律。通过完善的财政、预算立法体系来实现预算运行秩序的稳定性，才能使财政预算行为最终受到人民意志的规范、约束和监督。而要做到这一点，我国人大的立法力量和能力需要大力充实和加强。对此笔者主张，我国今后应分拆全国人大财经委员会，增设财政委员会、预算委员会，以加强全国人大财税立法和预算审查、监督的力量；同时，应大力充实全国人大常委会预算工委的机构和人员，以辅助全国人大财政委员会、预算委员会开展工作。

（三）人大代表性预算权力的完善

预算立法保留所能制定的只是抽象意义或普遍意义上的法律规范，是一种客观法秩序，而对于具体预算收支事项、经费支用、权责划分等仍需要通过代议制民主下的预算案来进行统筹安排和计划。尤其是随着现代政府公共职能的日渐扩张，导致财政收支规模日益扩大，在满足人民公共诉求的过程中，国家甚至成为一国之内最大的消费者、资金拥有者与信用保持者，这就使得对财政收入、支出以及管理成为日益受到人民重视的领域，代议制主体（人民代表）的预算权力成为人民大众对国家预算收支事项进行决定、控制、管理以及监督的重要手段与凭藉。

1. 完善人大的预算审批权

"任何公用开支在未经国民代表同意的情况下不能确立。"[①] 政府必须向代议制主体提交有关政府财政的指导方针和活动内容的预算草案，由代议制主体来审查、决策以及批准财政预算草案中的具体事项，也即"岁入岁出均依巴力门法案行事"[②]，这是世界各国对于议会预算审批权的普遍规定。

---

① ［法］莱昂·狄骥.宪法学教程［M］.王文利，等，译.沈阳：辽海出版社，春风文艺出版社，1999：410-411.
② ［英］戴雪.英宪精义［M］.雷宾南，译.北京：中国法制出版社，2001：350.

对比旧《预算法》，2014年我国新修订的《预算法》在人大预算审批权的具体内容上进行了一定程度的充实：一是强化了人大的预算初步审查权（第二十二条、第四十四条）；二是增加了基层人大代表应听取选民和社会各界的意见（第四十五条）；三是细化了预算编制草案的要求（第四十六条）；四是明确了人大应重点审查的八项内容（第四十八条）；五是列举了预算执行的审查结果报告应包括的重点内容（第四十九条）；六是确立了批复预算及下达一般性转移支付和专项转移支付的时间要求（第五十二条）。

上述六方面的规定，对于夯实人大预算审批权的基础具有一定的积极作用，这也是新预算法修订的亮点所在，但是依然存在一些可以继续改进的空间。

第一，第四十六条关于预算编制细化程度的规定，应在"编列"前增加"至少"二字。目前预算法规定的编列方法应是预算编制的最低要求，否则将有可能阻碍预算编制细化改革的进一步努力。

第二，学界重点关注的人大预算修正权未能得到体现。预算修正权是指议会在审议预算草案过程中，可以通过法定程序来增额或减额修正待审议的预算项目的权力。这应是议会当然享有的权力。由于我国全国人大预算审议的人力较为不足，应明定全国人大只有减额而无增额的权限。其实我国现行地方人大已积累了一些预算修正权的行使经验，例如《广东省预算审批监督条例》第十四条对预算修正权的主体、程序、效力等都进行了明确规定，这些经验未能上升到预算法的基本规定，预算法的继续完善应对此予以适当吸收。

第三，可以考虑建立分项审查与分项表决的预算审批制度。我国目前推行的是一揽子的预算审查与预算表决制度，如果人大代表只是对预算草案的某项内容不甚满意而投了对整个预算草案的否决票，将可能造成整个预算草案都被全盘否定的影响。倘若真的出现了预算草案被否决的现象，尽管新《预算法》对此进行了适当预防（第五十四条对预算年度开始后，预算草案批准前的支出安排进行了规定），但是这种否决终究会对这一年度内的预算支出效果或安排产生震荡。因此，建立分项审查与分项表决的预算审批制度，弥补这种一揽子预算审查与表决程序的不足，依然是我国预算法应予以认真对待的方面。

2. 强化人大的预算监督权

按照《各级人大常委会监督法》的规定，人大的预算监督是贯穿于整个预算过程的权力，包括听取和审议人民政府的专项工作报告，监督预算执行，审查和批准决算，听取预算的执行情况报告，听取和审议审计工作报告，询问和质询，特定问题调查等。主要功能在于及时纠正预算执行中可能出现的偏差，保证政府预算行为符合预算案的要求，维护预算案执行的稳定性、严肃性以及权威性等。但是新《预算法》对人大预算监督职权、措施以及途径的改进仅是寥寥数笔，许多地方人大已经积累的预算监督经验未能被合理吸纳到预算法的修订过程中，这不能不说是该次修法上的遗憾。

对于人大预算监督立法的具体落实的建议如下：

第一，应从源头上贯彻预算全面性、完整性的原则，通过加快全口径的预决算管理改革，将所有财政收支行为都纳入预算监督的范围，从而坚决杜绝游离于人大预算监督之外的"小金库"存在。我国2014年的《预算法》修订，虽然废止了原《预算法》第七十六条关于"预算外资金管理办法由国务院另行规定"的特殊规定，也清理了大量的财政专户，近些年来又建立和强化了国有企业、金融国企向全国人大的报告制度，加强了对行政事业性国有资产、资源性国有资产的管理等，但总体来看，我国的政府性基金预算、国有资本运营预算、公债发行的预算监督、财政转移支付管理等领域依然存在较多的立法空白和预算监督盲区，全口径预算管理仍有待进一步完善。对此，可适当借鉴德国的立法经验，《联邦德国基本法》第110条第1款规定："联邦一切收支应编入预算案"，同时《德国联邦和各州预算法律基本原则的法律》第8条和《德国联邦预算法》第11条都对完整性和统一性原则予以了明确，即"每个预算年度均应编制预算案。预算案应当包括以下各项内容：该预算年度的所有预期收入；该预算年度所有预计应给付的支出；该预算年度所有预计必需的债务授权"。

第二，应在执行过程中充分尊重人大批准后预算案的效力，强化预算案的拘束力和执行力，必须坚决消除预算调整比较随意的现象。针对新《预算法》中对预算调整方面的规定，既要将凡是偏离人大审议通过的预算案的收支变化都纳入预算调整的范围，又要对预算调整的具体表现形式进行明列和细化，合理规定不同类型的预算调整情形，还需从可控性的层面对预算调整的依据、程序、控制主体都予以严格的规定。

第三，应从体制上建立强大的预算审计体系。只有对各部门、各单位的决算进行严格审计，并对各个预算执行主体活动的合法程度和绩效高低作出一份准确公正的评估报告，人大才能依此报告去有效行使其决算的监督权。但是，这一切的关键都取决于审计机关应拥有强大的审计能力和独立的主体地位，尤其是审计机关不应对被审计的最主要对象——行政主体存在隶属性。我国2021年10月第二次修订的《审计法》，通过增订"坚持党对审计工作的领导""拓宽审计报告事项范围""强化审计机关队伍建设及其对工作人员的监督""强化对被审计单位和有关人员的审计问责"等内容，着力构建集中统一、全面覆盖、权威高效的审计监督体系，以加强对预算执行及其绩效、决算草案、国有资源、国有资产等财政收支的审计工作，产生了较为积极的作用。但依然存在的问题是我国的审计机关隶属于政府，在各级政府首长的领导下开展财政预算收支审计，其独立性、权威性、公正性不无疑问，与国际上绝大多数国家的审计机关具有高度的独立性也存在较大的差别。对此，应改变我国审计机关向政府行政首长负责的模式，可行的做法是建立隶属于人大的审计体制，以便切实提升和加强人大对预算的审查批准和监督问责能力。

（四）民众直接性预算权利的明确

为提高预算治理的水平和尊重人民主体的地位，除了依赖人大代表性预算权力的行使，还可以通过个人或集体直接行使的预算权利，来实现对预算资源的使用、预算项目的选择以及预算管理的参与等。

总体归纳我国新《预算法》对人民预算权利的规定，除了第十四条强调预算信息应及时向社会公开、第四十五条提到"县、市、区、镇等基层人大在审查预算草案前应当听取选民和社会各界的意见"以及第九十一条明确了公民、法人或者其他组织的检举和控告权利之外,其他直接性预算权利并未得到更多的体现。当然上述规定已是新《预算法》所取得的可喜进步,但是整体上对于预算运行中的民众权利表达,立法者仍持比较保守和谨慎的态度。而这显然与"人民主权""人民至上""以人民为中心"的"全过程人民民主"的理念精神存在差距。在我国今后《预算法》的继续修订完善进程中,只有真正使民众直接性预算权利成为一种制度性的存在,而非一种抽象的权利宣言,才能充分夯实公共预算过程的人民基础、群众基础、民主基础。

在整个预算权利体系中,保障人民在预算决策、预算执行以及绩效评估中的预算参与权无疑是预算权利的核心所在。无论是预算知情权、表达权还是预算听证权、监督权,都必须依归或依附于人民预算参与权利的存在;反过来,这些权利同时也是预算参与权充分行使的前提和保障。正因为人民直接参与公共事务(包括公共财政预算事务)的极端重要性,许多国家在宪法上明确规定和保障了公民的参与权。例如法国1789年《人权和公民权宣言》第14条规定:"所有公民都有权亲身或由其代表来确定赋税的必要性,自由地加以认可、注意其用途,决定税额、税率、客体、征收方式和时期。"法国现行《宪法》第3条规定:"国家主权属于人民,由人民通过其代表和通过公民投票的方法行使国家主权。"《葡萄牙共和国宪法》(1976)第48条第1款规定,"所有公民都有权直接或通过自由选举产生的代表参预政治生活和国家公共事务的管理";"所有公民均有权要求国家及其他公共实体如实报告其活动,并有权要求政府及其他机关报告公共事务的管理。"而我国宪法第二条第三款"人民依照法律规定,通过各种途径和形式,管理国家事务,管理经济和文化事业,管理社会事务"的规定,也在一定程度上反映出我国公民可以拥有直接参与预算、进行预算决策和监督的权利。

为了具体厘定我国预算权利行使的空间,需要加快预算参与程序规则的制定。"参与程序为提高计划和预算提供了重要的潜力……促进开放、共同的参与机制对保护参与程序的好处是十分重要的……有效的参与应当在预算计划、建立和批准程序中。"[①]具体而言:(1) 预算编制和预算审批的参与程序构建,应能充分反映公民的分配意愿,要使每个参与者都能自由表达其偏好,同时政府应避免在参与程序与预算编制之间建立起直接、机械的联系,应避开来自特定利益集团和游说集团的过度干扰;(2) 预算执行的参与以公开为前提,以公民有权对违法预算执行行为提起异议和诉讼为保障,才能防止预算执行权的滥用;(3) 而预算绩效评估阶段,应通过问卷调查、民意调查、民主访谈等方式使公民能真实反映预算执行的效果,从而获得更为客观与科学的预算绩效评估结果。

对于预算参与权的建构方向,一些学者提出了公民参与的阶梯理论。依据该理论,预算参与只有达到合作、授权、公民控制的三个高

---

① 沙尔文.地方预算[M].大连市财政局翻译小组,译.北京:中国财政经济出版社,2012:193.

参与度阶段，才能称得上是公民预算权利的真正体现①。按照这种发展逻辑，目前我国地方的"参与式预算"试点改革，例如浙江温岭的预算民主恳谈②，大致处于一个合作的阶段。如何能在立足于现有的"参与式预算"改革的基础上，进一步推进公民预算参与权利的稳步上升，并将这些改革经验落实为基本的预算法律规定，这是地方"参与式预算"改革的法治意义所在。待经过较长时期的改革周期，如果预算权利能接近公民控制的阶段，那么很可能将形成一种强大的预算民主力量去"倒逼"建立在代议制民主基础上预算权力的规范构建，最终将形成一个合理有序的预算权力（利）格局。

总之，我国未来预算权体系的进一步完善，应深刻体认和秉持"以人为本""人民主权""人民至上"等基本理念，适当吸收一些成熟的地方预算改革经验，加快拓展和推进财政预算立法保留原则，进一步增强和完善各级人大代表性预算权力，逐步扩大并明确民众直接性预算权利，这样将有利于我国现代预算制度的成熟发展，真正在国家预算法治领域合理配置人民大众和各公权力主体的预算权，贯彻落实习近平同志反复倡导和强调的"以人民为中心的发展思想"和"实行全过程人民民主"的要求，推进国家预算治理规范化、法治化、现代化。

---

① 有学者研究公民参与的阶梯理论，提出公民参与的程度由低到高依次分为：操纵（Manipulation）、引导（Therapy）、告知（Informing）、咨询（Consultation）、劝解（Placation）、合作（Partnership）、授权（Delegated power）、公众控制（Citizen control）八个档次，参与只有达到合作、授权、公民控制的三个阶段才能称得上是公民权利的真正体现。See Sherry R.Arnstein.A Ladder of Citizen Participation [J].Journal of the American Institute of Planners, Vol.35, Issue 4, 1969: 216–224.

② 例如《温岭市市级预算审查监督办法》第三条第二款规定："市人大常委会初审预算草案前，应当组织开展部门预算民主恳谈、组织召开预算征询恳谈会，引导公民参与预算方案编制讨论，实行参与式预算；年中审议预算执行情况前，可以组织开展民主恳谈，全面了解预算执行情况。"

钟晓敏

浙江财经大学党委副书记、校长，中宣部文化名人暨"四个一批"人才，国家"万人计划"哲学社会科学领军人才，国家百千万人才工程人选，国家级突出贡献中青年专家，教育部高等学校财政学类专业教学指导委员会副主任委员，国务院学位委员会应用经济学学科评议组成员，享受国务院政府特殊津贴。浙江省有突出贡献的中青年专家，浙江省教学名师，全国财政学教学研究会副会长，长期从事财政学的教学与研究工作，主要研究方向为政府间财政关系研究，税收竞争理论与政策研究，地方财税理论等。先后主持研究国家社会科学基金项目2项，教育部哲学社会科学研究重大课题攻关项目1项，其他省部级基金项目15项。在《经济研究》《中国社会科学》等刊物发表学术论文50余篇。撰写《经济发展方式转变的地方财税体制改革研究》等学术著作6部，主编《财政学》《地方财政学》等"十二五"国家重点规划教材。为国家特色专业和综合改革试点专业财政学、国家级教学团队财政学核心课程建设团队和浙江省高校人文社科重点研究基地（财政学）负责人。获省部级以上科研、教学优秀成果奖多项。

第五讲 基层政府预算的共治善治：以浙江温岭"参与式预算"为例*

内容提要

本报告以浙江省温岭市的"参与式预算"为例，从温岭"参与式预算"的起源及发展历程、主要做法及地方特色等方面探讨了基层政府预算的共治善治，明确了一条"由点到面、由下而上、由表及里、由柔变刚"的改革路径。同时，结合浙江省数字化改革背景和温岭市调研成果，从"选一选、谈一谈、改一改、督一督、评一评"五大数字应用场景，介绍了温岭"参与式预算"的数智在线改革成效。本讲座系统阐释了温岭"参与式预算"的改革历程以及实践成效，展示了预算民主的新思路与新形式，并为正在探索政府预算善治之道的基层地方政府学习推广"温岭模式"提出了建设性意见建议。

---

* 这是钟晓敏教授2022年7月30日在国家预算治理大讲堂的演讲稿，根据录音整理，并经本人审阅。

众所周知,财政预算从经济技术层面上看,是关于财政收支对比的计划书。财政作为国家治理的基础和重要支柱,最主要的就是体现在财政的预算安排上,因为政府治理和政府职能的履行与财政收支密不可分。特别是在我国,地方政府的作用尤为重要,它在经济社会发展中发挥着巨大作用,不是西方一些国家的地方政府所能比较的。我国地方政府的权力非常广泛,就发展经济而言,其所能调动的资源和采取的行动远远超过了现在所谓主流经济学强调的"政府主要是提供公共产品或服务的机构"。地方政府不仅可以为经济发展创造环境,为地方经济社会的建设和发展提供重要的资金保障,它本身也是经济发展的深度参与者。而作为最基层地方政府的乡镇政府,虽然财力小、预算管理能力弱,但它却是国家治理体系中距离民众最近的一级政府、一级组织,清楚了解民众的需求与偏好,所以乡镇基层政府在提供公共产品与服务或参与地方社会经济的发展时,更有可能以较小的成本去显示民众的公共偏好。而且,基层财政的支出与当地民众的生活工作息息相关,项目是否为所需,资金使用是否合理等,民众实际上是很清楚的。因而,我们在推进国家治理体系和治理能力现代化的进程中,地方政府应当有所作为,而且完全能够大有作为。这个作为就是通过预算的安排,用好用对稀缺资源以实现社会效用最大化的目标。

温岭是浙江省台州市所辖县级市,地处浙江东南沿海,东临东海,近邻温州乐清市，是全国百强县。"参与式预算"并非温岭原创，它最早起源于1989年巴西的阿里格雷港市，我国江苏无锡、河南焦作等地也都进行过探索。大都采用多种形式，比如召开公民会议、向社会公开等方式征求政府项目预算意见，是让公民参与公共事务的一种预算编制方法，与现在的"民生实事项目票决制"类似。然而，温岭的做法和这些地方都不完全相同，具有明显的自发性特点。从2005年开始，温岭市人大围绕如何使预算从比较封闭走向比较民主，如何使预算审查监督从程序性走向程序性与实质性并重，如何实现预算编制从少数人决定到多数人参与决定，如何促进政府预算更加完整细化和公开透明等方面，沿着"由点到面、由下而上、由表及里、由柔变刚"的路径循序渐进，形成"公民以民主恳谈为主要形式参与政府年度预算方案协商讨论，人大及人大代表审查政府财政预算并决定预算的修正和调整，进而实现从程序性向程序性与实质性并重转变的预算审查监督实践"的温岭"参与式预算"。

温岭的"参与式预算"正式开始于2005年，到现在经过了近18年的探索和完善，逐步形成了3个阶段、9种形式的一项温岭独有（"人无我有"）的预算审查监督机制，也成为温岭人大工作的一张"金名片"。"参与式预算"先后入选中国十大地方公共决策实验、改革开放30年创新案例候选名单，获2010年十大民主法治新闻、第五届中国地方政府创新奖提名奖、首届浙江人大工作与时俱进奖最高奖——特别奖。值得一提的是，于2014年颁布、2015年开始实行的新《预算法》采纳了温岭"参与式预算"改革——民主恳谈的实践经验，在《预算法》第四十五条中提到："县、自治县、不设区的市、市辖区、乡、民族乡、镇的人民代表大会举行会议审查预算草案前，应当采用多种形式，组织本级人民代表大会代表，听取选民和社会各界的意见"。这条法案是在全国人大常委会法工委副主任朗胜带队到温岭调研后写入《预算法》的。2017年，在全国推进县乡人大工作和建设经验交流会上，温岭"参与式预算"改革也得到了时任全国人大常委会委员长张德江同志的肯定。张德江说道，各地普遍把加强全口径预决算的审查监督作为监督重点，依法管好政府"钱袋子"。浙江温岭推行"参与式预算"，充分发挥代表主体作用，有序扩大公民参与，深化部门预算审查监督，很有意义。

一、"参与式预算"的萌芽——民主恳谈

1999年，浙江在全省开展"农业农村现代化主题教育"活动，温岭市委宣传部创新教育形式，选择温岭松门镇作为试点，由干部和民众进行面对面沟通交流，称为"农业农村现代化教育论坛"。论坛前5天贴出通告，告知民众论坛遵循"自愿参加、自由发言、有问必答"的原则。论坛开展当天气氛热烈，座无虚席，镇领导告诉群众可以畅所欲言，于是村民们讨论了诸多议题，包括村镇基础设施建设、邻里纠纷解决、工商罚没收入等，这些议题都与民众生活的切身利益密切相关。同年年底，松门镇的村民已经将论坛作为"松门镇的焦点访谈"，在村民的强烈支持下，论坛每季度开展一次。由于松门镇试点效果良好，类似的对话活动在温岭的其他地方也迅速开展起来。后来这些活动的名称统一为"民主恳谈"，其本质就是建立一种政府与民众的

对话机制，为农村集中性思想政治教育找到创新点。但是，在民主恳谈实践中，也遇到了不少阻碍，一些干部反对开展民主恳谈，理由是恳谈解决的问题大多是群众的个人问题，恳谈会后会有几十个问题，针对每个问题都要组织一个工作小组来解决，牵制的精力非常大，而且解决问题也并非易事，需要资金支持，财政压力也大。不少村干部认为，群众提出问题让他们在村里的威信受到挑战。面对这些困难和问题，民主恳谈的转型势在必行。转型的重点是民主决策，即民主恳谈针对公共事务，不针对群众的个人问题。

真正的民主恳谈转型发生在2002年牧屿山公园建设民主恳谈会上。在这次会上，100多名民众就牧屿山公园的初步建设方案进行了热烈讨论，提出了涉及公园的建筑设计风格、相关配套设施等的35条意见建议。政府负责人对此高度重视，会同市建设局设计院的相关专家，针对这些意见建议逐条认真研究和论证，最终采纳了17条。这次恳谈会的结果得到了牧屿镇党委、政府和民众的高度认同。此项以民主恳谈形式组织、引导公众有序参与基层政府公共决策的探索经验，也迅速在温岭的其他一些乡镇推广开来。同年，温岭市委从制度上肯定并推进"民主恳谈"。

随着决策型民主恳谈在各镇街道推广，2004年温岭市委出台民主恳谈的若干规定，对各层次民主恳谈的议题、程序、实施和监督都进行了规范，明确指出镇级政府须将民主恳谈作为决策的必经程序，并将此项工作列入政绩考核体系。民主恳谈成为社会管理、公共治理的重要平台，也提高了公共决策的科学性和民主性。因此，2004年温岭民主恳谈荣获了第二届中国地方政府创新奖。

二、温岭"参与式预算"的产生和发展

即便推陈出新,当时的民主恳谈形式依然存在一定的缺陷,有的政治学专家们认为决策型民主恳谈没有法律保障。因此,如何把民主恳谈从体制外转入体制内,引入到基层人大制度成为一个重要的议题。恳谈内容——谈预算就是转型的一个重要的路径。

(一)温岭"参与式预算"的产生

2005年,泽国镇、新河镇率先探索公共预算民主恳谈改革,立足于政府预算谈项目建设。下面我主要介绍一下这两种民主恳谈方式。

1. 泽国镇民众参与城镇基建项目遴选的改革实践

泽国镇的民主恳谈始于2005年初泽国镇计划新建30个城镇基建项目。经可研论证与资金测算,共需1.37亿元,但泽国镇政府预计可筹措的基建经费只有4000万元。关于如何解决经费问题,泽国镇决定开展城建项目的民主恳谈活动。参加恳谈的275名代表通过乒乓球摇号形式从全镇18岁以上人群中产生,恳谈内容是民众代表们根据项目轻重缓急来打分、讨论、投票,最终确定进入政府预算的项目。首先分16个组进行讨论,讨论后大会集中发言,随后在大会上交换各自的意见建议,之后再将全体与会的民众代表进行第二次随机分组讨论。在两轮讨论中,负责项目可研论证的专家们就民众代表们提出的相关疑问进行解释和答复,泽国镇的相关领导也全程旁听。讨论交流结束后,

民众代表再次打分。对两次问卷结果做相关处理后，最终确定了总投资约3640万元的12个基建项目提交人代会通过，另将总投资2250万元的10个项目作为备选项目，按镇总体财力状况依次建设。4月30日泽国镇召开人代会，镇政府《关于泽国镇2005年城镇基础设施建设项目的报告》获高票通过。颇具意义的是，泽国镇的这次民主恳谈会，让民众直接参与城镇建设项目资金预算安排的整个决策过程，开启了"参与式预算"的民众协商形式。当然随机产生代表的方式存在一定欠缺，虽然保证了民众参与的平等性和广泛性，但无法保证专业性，这为后续的恳谈代表产生办法改革完善留下了伏笔。

2. 新河镇拉开"参与式预算"大幕的实践

新河镇的改革不是针对单个项目，而是给出政府明年的财政预算总数以及现有项目的安排，让民众对项目以及项目的资金安排给出调整意见与建议。假如确需调整，则由公民共同探讨调整的理由及新的分配方式，其本质是将政府预算切实细化与公开，而这正是"参与式预算"的根基。因此，我们认为新河镇的做法正式拉开"参与式预算"改革的大幕。

2005年7月新河镇召开人代会，参加人员除90名镇人大代表外，还有193名群众代表，主要是各村的村干部、镇行业协会及企业负责人和部分热心村民。在大会讨论阶段，人大代表们就旅游、文化建设、教育投入、城市公共建设、城市土地规划等问题向镇政府主要领导进行询问，现场讨论气氛异常热烈，旁听的群众代表也就与居民生活密切相关的问题，比如要求增加文体事业支出、减少政府三公经费开支等进行提问。讨论询问结束后，镇政府马上召开了镇政府领导班子和人大预算审查小组联席会议，根据代表们所提意见对预算进行修改，并形成预算报告项目调整说明，对归并整理后的各条意见与建议逐条答复，能直接吸收的立即体现在项目修改中，不能采纳的则给出详细的解释与说明。在第三次全体会议上，预算报告项目调整说明分发到所有参会人员手中，共有"政府车辆购置费"等9个项目重新调整，增减的资金合计237万元。人大主席团审议预算修改方案后，人大代表再对政府预算报告进行表决。温岭市新河镇的做法具有鲜明特点，即在预算编制、预算执行、预算调整等预算审查监督环节中，以人大为核心，邀请民众参与并对预算进行民主恳谈，充分吸纳民众的合理化意见建议。

第二年，"参与式预算"改革的标志性成果就是出台预算修正议案。将民主恳谈与人大预算审查结合起来，并根据地方人大预算审查的预算初审和大会审议两个阶段，将预算民主恳谈会分成了预算报告初审民主恳谈和人民代表大会预算民主恳谈两个阶段。考虑到预算修正议案的收支平衡原则，在大会上还引入了辩论环节，给予代表否定、增加或者减少项目的权利。新河镇的预算修正议案，实际上开启了人大及人大代表审查政府财政预算并决定预算修正和调整的先河。

（二）温岭"参与式预算"的发展

温岭的"参与式预算"改革发端于最基层的镇一级，在市县级层面上，真正的"参与式预算"改革始于2008年。2008年首先对交通局的预算进行民主恳谈；2009年探索大会专题审议部门预算；2010年人大预算审查监督能力提升，建成预算审查监督的"参与库"与"专业库","参与库"主要考虑覆盖面的问题,涵盖4万多人,"专业库"邀请有专业知识背景的500多人加入,这两个库的建设具有非常重要的意义;2011年浙江省委首次肯定并推行温岭"参与式预算",同年开始探索人大联络站征询恳谈,即通过联络站由人大代表向本地选区的选民征求意见,同时政府部门向民众征询相关项目的方案等;2012年开始交办审计和开展审计查出突出问题专题询问,开国内"专题询问"之先河;2013年探索部门预算大会票决,首次对农林局、科技局的部门预算进行大会票决;2014年探索了人大常委会初审票决部门预算,并开启预算绩效评价的询问会,这标志着"参与式预算"逐步向绩效预算方向延伸,同年温岭的民主恳谈形式(即在人代会前广泛征询意见)被新《预算法》采纳,列入第四十五条;2015年温岭首次在全国探索县市级预算修正议案制度,这是真正落实人大的程序性审议到实质性程序性并重的一个阶段,落实了人大的审定权;2016年探索由财经委建立专家组预审部门预算,年底出版了《温岭探索——地方人大预算审查监督之路》;2017年,张德江同志在推进县乡人大工作和建设经验交流会上肯定温岭"参与式预算"的做法;2019年市人大授权各人大街道工委对本街道预算进行初审。

从2008—2019年十多年的实践看,温岭"参与式预算"从萌芽阶段的恳谈农村思想政治工作开始,沿着"由点到面、由下而上、由表及里、由柔变刚"的改革路径不断探索发展,制度也不断完善,最大的特点是把恳谈这种形式与人大审查政府预算结合起来,既发挥了人大的积极作用,也激发了人大的活力。

三、温岭"参与式预算"的主要做法

关于目前温岭"参与式预算"到底是如何进行的,从预算审查批准的程序来归纳,目前地方各级人大审查批准预算主要为预算初审和大会审查批准两个步骤。而温岭市人大为了使预算审查批准更加科学有效,积极探索在初审前加一个预审环节,形成了预算审查批准的"三审制"。"三审制"的框架下,温岭"参与式预算"的做法可以概括为三个阶段,每个阶段有三种形式,如图1所示。

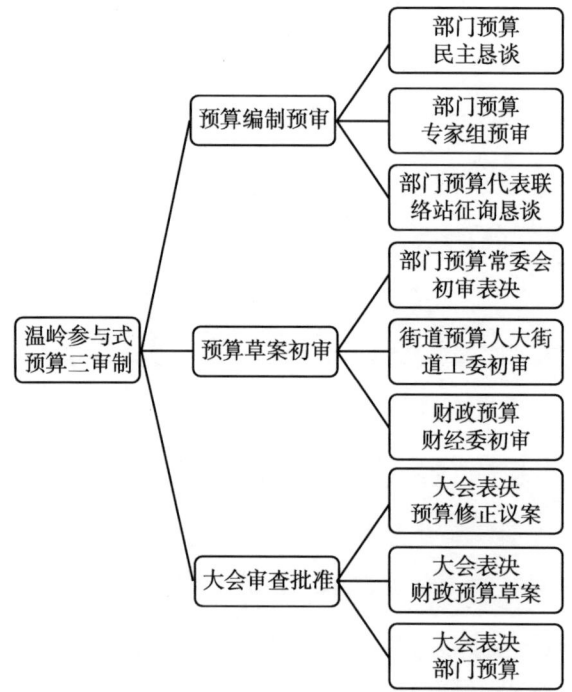

图1 温岭市"参与式预算"主要做法流程

（一）预算编制预审阶段

预算编制预审阶段的主要时间节点在预算编制阶段，即每年的12月份至下一年度的1月份左右，切入点是部门预算，市人大主任会议确定列入重点监督的部门预算，并采用多种形式进行预审。人大常委会办公室整理反馈预审意见，部门据此修编预算，并向人大常委会主任会议汇报。具体形式包括以下三种：

1.部门预算民主恳谈

部门预算民主恳谈始于2008年（镇级始于2005年）。在每年的人代会前2个月，选择3—5个重点部门的预算开展民主恳谈，参加恳谈的人员每场次80—100人，既有各级人大代表、各阶层人士代表、预算审查监督专业库的人员，也有通过报纸、电视公告自愿报名的公民。恳谈会上，大家先集中听取政府相关部门有关预算情况的汇报，然后采取分组与集中相结合的方式，就预算草案进行深入恳谈讨论，充分发表意见。会后，市人大常委会办公室整理反馈恳谈意见，部门据此修编预算，并将修编情况向市人大常委会主任会议汇报通过，反馈意见和修编方案全文在网上公开。

截至2022年，共开展了部门预算民主恳谈59场次，参加人员5401人，平均每场参加人数约90人，提出意见建议1345条，部门吸收建议439条（达1/3以上），调整预算编制金额12.84亿元。

2.部门预算代表联络站征询恳谈

部门预算代表联络站征询恳谈工作始于2011年。每年选择若干重点部门预算，送交各代表联络站进行征询恳谈，以人大代表为主体，并广泛征求辖区内选民意见，列入征询恳谈的部门预算最多时达到32个。财政等相关部门介绍预算编制情况，回答人大代表和选民提问，并就有关事项作表态承诺。恳谈意见整理汇总后在大会期间集中反馈并修编，提交大会票决通过。通过这种形式达到两个目的：一是人大代表充分征求选民意见，为人代会审查表决打好基础；二是使政府职能部门围绕预算安排与公众面对面沟通，进一步完善部门预算的编制。

截至2022年，共开展征询恳谈129个部门，参加人员7785人，提出意见建议1849条，部门吸收意见250条，调整预算编制金额2.25亿元。

3.部门预算专家组预审

部门预算专家组预审始于2016年。预算民主恳谈侧重于通过公民参与使预算编制更加符合基层实际，但这种形式也存在明显不足，主要是在基层要找到具有专业水平的人员来参与并非易事，故参与者大部分都是非专业人员，而由非专业人员来审查专业性较强的预算，审查意见的专业性和精准性不够强。为了弥补这一缺陷，从2016年起，按照《温岭市人民代表大会财政经济委员会工作规则（试行）》的相关规定，成立了由15人组成的预算审查监督专家组。每年选择12个左右的重点部门预算，由专家组预审。市人大财经委听取预审情况汇报，整理反馈审查意见，各相关部门据此修编预算，并向市人大财经委汇报同意。

截至2022年，专家组共预审45个部门预算，参加人员147人次，提出意见建议540条，部门吸收意见178条（达1/3左右），调整预算编制4.45亿元，财政回收资金2342万元。

（二）预算草案初审阶段

预算草案的初审一般在人代会召开前的一个月以内，财政部门按要求提交预算草案初步方案后，人大相关机构开始初审。就目前的相关法律法规要求，初审除了预算法规定外，《浙江省预算审查监督条例》规定"县（市、区）人民代表大会常务委员会对本级预算草案初步方案及上一年预算执行情况进行初步审查，提出初步审查意见"；《浙江省街道人大工作条例》规定人大街道工委"对街道预算草案提出意见"。温岭市预算初审基本上围绕上述要求开展，主要有以下三个层面。

1.部门预算常委会初审表决

部门预算常委会初审表决始于2014年。围绕市委、市政府重点工作部署，每年选择3—6个上年执行率较低的或者群众关注度较高的部门预算（如2022年选择港渔局），由常委会进行初审表决。参加对象为常委会组成人员，按表决的部门数量组成若干个调研组，相关委办的主任任组长。

初审程序主要如下：先召开集中调研会，听取财政、发改委对相关部门的预算和项目安排情况的汇报，再分组到相关部门调研，形成调研报告；市人大常委会召开主任会议，听取各调研组调研情况汇报，并向相关部门反馈调研意见；部门据此修编预算，并向市人大常委会汇报修编情况；各调研组对部门修编的情况发表意见；经过审议后，人大常委会采用电子表决方式表决，没有通过的部门继续修编预算，通过的部门，相关部门对预算草案完成初审。

截至2022年，常委会共初审票决31个部门预算，提出审议意见279条，部门吸收意见131条，调整编制预算编制金额34870万元，财政回收资金857万元。

2.财政预算财经委初审

财政预算财经委初审始于2016年。市人大按照组织法要求，成立财政经济委员会，制定了财经委工作规则，依法对财政预算草案开展初审。市人大财经委结合前期预算编制预审收集到的意见建议，对预算草案开展初审，形成"四本账"（即一般财政收支预算、政府性基金预算、社会保障预算以及国有资本经营预算）的预算草案初步审查意见和当年列入监督重点的部门预算草案初步审查意见，由财经委向市人代会报告，并在人代会上就列入大会表决的重点部门预算草案提出审查结果报告。

3.街道预算人大街道工委初审

街道预算人大街道工委初审始于2019年。由于街道没有人大相应的组织构架，因此，市人大常委会授权各人大街道工委对本街道预算进行初审。各人大街道工委在街道预算编制过程中，召开街道预算民主恳谈会，对街道预算的编制提出意见。街道和财政部门协同对预算进行修编后，提出街道预算草案。人大街道工委召开街道选民代表会议，对街道预算草案进行审查，并将审查意见向市人大常委会报告。

截至2022年，共有343人参加各人大街道工委组织的民主恳谈，301人参加街道人大代表联络站征询恳谈，提出审议意见122条，部门吸收意见84条（吸收比例更高），调整预算编制金额5198万元。

（三）大会审查批准阶段

就目前预算审查批准的一般状况看，人大代表在人代会期间审查批准预算更多的是一种程序性工作，只能就预算草案整体的同意与否行使表决权，对预算草案提出的具体意见建议则无法得到重视和采纳。而温岭市人大在常规性审查批准预算基础上，增加了表决部门预算和表决预算修正议案制度，从而使大会审查批准预算从程序性向程序性与实质性并重转变。

1.大会表决预算修正预案

市级大会表决预算修正议案始于2015年。该年根据地方组织法关于议案提出的相关规定，温岭市人大常委会出台《预算修正预案处理办法》，规范了预算修正议案的提出、列入议程和表决的具体要求。人代会表决批准预算前，十名以上代表联名提出预算修正议案，经大会主席团审查同意，交各代表团审议后，采用电子表决方式提交大会表决。预算修正议案一经通过，政府必须按照通过的修正预案调整相关预算。此制度安排使人大代表对预算的审查权、调整权、决定权进一步落到实处。截至目前，共收到预算修正议案22件，列入大会表决3件，全部获得通过。

镇级的预算修正议案从2006年开始探索，考虑到预算修正议案的收支平衡原则，大会还引入了辩论环节，人大代表就预算的增减理由充分发表意见，再提交大会表决。截至2022年，共提出预算修正议案208件，列入大会表决的预算修正议案128件，其中表决通过116件，12件未获通过，共修正调整预算9405万元。根据数据可以看到，这一届预算修正议案的作用更加突出。

2. 大会表决部门预算

市级人大大会表决部门预算始于2013年。市人大把资金量比较大、事关民生的重点部门划分为五个资金链，按照一届五年轮一遍的原则，把这些部门预算列入市人代会审议表决（如2022年文化广电和旅游体育局列入）。2013年市人大常委会出台《部门预算表决规程》，规范部门预算大会表决的相关要求和程序。在预审阶段的联络站征询恳谈基础上，大会安排半天时间，对表决部门的预算进行集中审议，财经委结合会前恳谈意见进行汇总整理反馈。市政府召开市长办公会议，提出预算修编方案，经主席团审议通过后印发至全体代表进行审议。大会批准总预算后，对列入表决的部门预算，采用电子表决方式进行大会表决。同时，市人大把表决部门的整体绩效管理情况列入当年重点监督内容，由财政局进行重点评价。截至2022年，大会共表决29个部门预算，提出审议意见1009条，部门吸收意见231条，调整预算编制金额11289万元，财政收回资金2244万元。

3. 大会表决财政预算草案

市级人大大会表决财政预算草案始于2014年。大会根据财经委的初步审查意见，经过各代表团集中审议，对一般公共预算、政府性基金预算、社会保险基金预算和国有资本经营预算"四本账"分本采用电子表决方式进行表决审批，有预算修正议案的，则批准修正后的预算，实现了人大预算监督审查全口径、全覆盖。

在上述预算审查批准的基础上，市镇两级人大在预算执行过程监督上也开展了多种多样的公民协商参与方式，如预算收入民主恳谈、预算执行民主恳谈、预算绩效民主恳谈、决算民主恳谈、性别预算民主恳谈；预算专题询问；预算修正辩论等有效载体，极大地丰富了"参与式预算"的内涵。

（四）温岭市"参与式预算"的其他相关工作

第一是预算绩效监督。出台《预算绩效管理监督办法》。特别是2018年3月中共中央办公厅印发了《关于人大预算审查监督重点向支出预算和政策拓展的指导意见》，2018年9月发布《中共中央 国务院关于全面实施预算绩效管理的意见》之后，各级人大加强预算绩效监督，以实现全覆盖、全过程、全方位监督的要求势在必行。目前绩效管理已经向政策项目的事先评估、部门整体、街道层面拓展。2022年的工作重点是涉企财政扶持资金的绩效监督。

第二是预算审计情况监督。主要做法有：常委会听取审计工作报告，结合审计情况批准决算，开展审计查出重点问题的专题询问，主任会议重点项目交办审计并听取汇报，听取审计整改情况汇报。2022年的工作重点是回顾前一阶段审计整改落实情况以及推动市级层面出台相关制度，修改三个重点审计项目相关政策。

第三是国有资产管理监督。常委会每年听取一个专项（行政事业单位国有资产、国有企业资产、国有金融企业资产、国有自然资源资产）管理情况报告，书面审查综合报告，届末听取综合管理情况汇报。2022年的工作重点是听取国有自然资源资产管理情况报告。

第四是政府债务管理监督。常委会听取债务情况汇报，审查债务限额、政府性债券的安排使用。2022年的工作重点是开展专项债使用管理情况的调研。

（五）温岭"参与式预算"数字化改革

浙江省的数字化工程即"数字一号工程"，计划从2021年起两年完成数字化改革。每两个月召开一次省主要领导成员全部到会、省地市县各级领导参加的线上推进会，对数字化改革予以大力推进。在数字化改革的驱使之下，"参与式预算"改革的数字化也必须跟进。

"参与式预算数智在线"应用以部门预算（镇级为项目预算）为切入点，围绕共同富裕示范区建设中财政资金保障、调节收入分配作用、发挥和打造便民惠民利民应用场景的需求，按照全过程人民民主要求，以民主协商、民主决策、民主监督为主要流程，量化闭环、线上线下融合，通过开发"选一选、谈一谈、改一改、督一督、评一评"五大场景，实现部门（项目）选择格式化、数据采集网络化、预算信息可视化、审查监督智能化、公民参与便捷化，形成具有温岭辨识度的监督全链条、参与全方位、审查全覆盖的预算审查监督数字化典型应用场景。

1. 五大数字应用场景

"选一选"。按照经济、文化、社会、生态、其他（不是政治）"五位一体"的标准将相关部门分成五类，以部门预算为切入点，根据当年工作重点，依照资金量、审查频率、审计反映问题等变量要素设定参数，一键生成当年拟重点审查的20个左右部门预算（项目经费在1000万元以上的部门），降低了人为因素的干扰，实现一届五年重点部门监督全覆盖。

"谈一谈"。即以民主恳谈形式开展民主协商。依托2010年开始建成的预算审查监督参与库和专业库（合称"两库"），智能选取80—100名参加民主恳谈的民众代表，线上线下同步开展民主恳谈对话，相关意见全部线上公开，也可根据关键词将相关意见进行汇总。参与协商人员自动生成。相关数据通过财政预算管理一体化系统、财经监督综合系统间部门端口等自动获取，生成部门预算相关数据，提供给恳谈协商参与人。

"改一改"。即民主决策。人大将民主恳谈意见在线上反馈给部门，部门在线修编。通过四种方式确定其修编决策，包括政府提出修编决策、人大认同政府修编的决策，专家组预审意见在线上经专委会同意，民主恳谈意见经主任会议通过，常委会调研意见经常委会表决确认。具体程序是，首先是线上修编，汇总审查意见，自动生成审查报告，线上反馈给相关部门限期修编并通过线上回复。其次是确认修编，针对四种协商方式（即联络站征询恳谈、常委会调研审查、民主恳谈会、专家组预审），采取对应的四种确认方式（分别是代表大会票决批准、常委会票决批准、主任会议听取同意、财经专委听取同意）认可预算修编。

"督一督"。即民主监督。一是联络线下代表小组，将拟重点审查的部门一一分派给各代表小组进行跟踪监督。二是省人大预算联网监督系统，自动示警相关事项，人大组织专题审查监督。民主监督场景，即采取线下代表小组一对一监督和线上利用财经监督综合系统的示警功能，选择监督方式进行督查纠偏，保证预算执行规范有序。风险预警利用跨部门场景化多业务协同应用，设置风险预警参数，自动生成预警。风险处理按风险等级分别采取抄告单、专题调研、听取专项汇报、开展专项监督等方式进行处理纠偏。"督一督"与省人大财经委监督系统增量开发的个性化应用子场景相比，更侧重于全过程人民民主在场景中的全链条、全方位、全覆盖的功能体现，并在省系统同步到县级的基础上，向镇（街道）一级同步延伸，与浙江省人大财经监督综合系统直接接轨。

"评一评"。即民主评议。通过部门绩效自评、财政绩效审评、人大绩效督评（代表小组监督以后对各部门的画像）、代表问卷参评（代表问卷调查）四个评价维度，各维度的评价角度皆不相同。预算执行完成后，围绕预算资金的使用绩效，设置评价算法，多角度开展评价，对预算执行情况和绩效进行画像，评价结果用于完善政策，影响以后年度预算，形成闭环。

2.数字化改革的初步成果

第一，改革前"参与式预算"流程复杂，复制推广难。改革后建立全生命周期监督数字化应用模式，制定相关标准，既简化流程又可复制推广。

第二，改革前公民参与不够广泛，吸纳民意不足。改革后充分发挥代表库、选民库、专家库等作用，参与对象更加广泛，线上线下协商更加便利，民意吸纳更加充分。

第三，改革前部门预算审查监督尚未做到全覆盖。改革后每年自动筛选一定比例部门预算开展审查监督，实现届内所有部门预算审查监督的全覆盖。

第四，改革前人大与政府部门存在信息壁垒。改革后通过直接调用政府部门预算数据，打破信息壁垒，形成信息互通。

第五，改革前部门预算监督尚未形成合力和闭环，监督结果缺乏有效运用。改革后对部门预算实行全方位参与、全链条监督，监督结果作为以后年度预算编制和部门工作评议的重要参考。

四、温岭"参与式预算"的特色

（一）张德江同志对温岭"参与式预算"特点的概括

2017年6月19日，全国人大常委会委员长张德江在推进县乡人大工作和建议经验交流会上指出：浙江温岭推行"参与式预算"，充分发挥代表主体作用，有序扩大公民参与，深化部门预算审查监督。张德江高度赞扬浙江温岭，并高度概括了温岭"参与式预算"的三大特点。

第一是深化部门预算审查监督。逐步完善预算审查批准"三审制",强化政府性重大投资项目审查监督,探索预算资金绩效监督,结合审计工作报告开展突出问题专题询问,开展国有资产管理监督。

第二是有序扩大公民参与。在预算预审阶段,建立"两库",广泛参与部门预算联络站征询恳谈、部门预算民主恳谈。参与库有40159人,涵盖10个方面的人员,如市县镇级人大代表、村民代表、居民代表、民情联络员、担任过副处实职以上的离退休老干部、科技界代表、年度缴税50万—100万元以上的企业法人代表、妇女代表、外来人口代表、大专以上学历者等。专业库569人,由有一定专业素养、比较熟悉预算知识的人员组成,人员来源主要有12个方面。

第三是充分发挥代表的主体作用,主要体现在审查批准阶段。通过预算修正议案,落实代表的预算审查权、调整权、决定权。

(二)从预算共治善治角度概括温岭"参与式预算"的特点
1.多元主体协同推进

温岭"参与式预算"是一个由党委领导、市镇两级人大组织引导、各级政府及预算部门配合、人大代表与民众广泛参与的多元主体协商民主的运行机制。经过近20年持续不懈地探索、深化、完善、发展,参与式预算民主恳谈已成为市、镇、街道的一种传统。从民主恳谈到温岭"参与式预算"改革,是党委、人大、政府、民众协同推进的结果。

党委始终处于领导地位,以制度形式确定并推广"参与式预算",为预算改革引领方向。

人大作为组织者和引导改革者，起初与财政部门间的关系"微妙"。但始终坚持扩大公民预算参与范围，完善人大预算监督制度，强势推进各项改革，全程设计"参与式预算"的各个环节，不断完善全口径预算制度，同时也不断激发民众、人大代表和专家的参与热情，提升各主体参与的有效性。2022年我们再次赴温岭调研，当地人员指出，现在的民主恳谈中，人大和财政等各个职能部门的关系已经非常和谐，各部门都将"参与式预算"视为一个正常的、内化的常态化工作。

政府及其职能部门是公共资源受托责任的承担者，是政府预算和部门预算的编制者、执行者和预算信息的提供者，既要向人大和民众报告预算信息，也要根据人大意见修改完善预算草案。

人大代表、民众和专家是"参与式预算"的实践者和最终的受益者。在接受并理解来自政府及其职能部门的预算信息后，在人大的组织协调下，有序参与预算审查监督，尤其是广大民众从一开始主要是以关切自身利益、本村利益，到逐步提高民主参与的公共意识，以主人翁的姿态参与到政府公共决策、部门预算审查，思想站位和视野格局都在不断提高。

2.践行全过程人民民主

中国特色的民主是全过程人民民主，习近平同志在中国共产党成立100周年大会上强调，"要发展全过程人民民主"。全过程人民民主是全链条、全方位、全覆盖的民主。我国全过程人民民主独创性地把民主选举、民主协商、民主决策、民主管理、民主监督等各个环节彼此贯通起来，具有时间上的连续性、内容上的整体性、动作上的协调性、人民参与上的广泛性和持续性。

温岭"参与式预算"实质上就是把公民的民主协商与人大的民主决策、民主监督有机结合起来。通过部门预算民主恳谈、部门预算联络站征询恳谈等形式，为公民参与协商提供有效载体，通过大会表决部门预算、大会表决修正预算修正议案等形式，积极发挥人大代表作用，实现预算审查的程序性向程序性与实质性并重过渡。这实际上是在践行全过程人民民主，最终实现了习近平总书记在2021年中央人大工作会议上讲的"四个统一"。

一是实现了过程民主和成果民主相统一。人民代表大会依据相关法律规定审查批准预算，会前由人大财政经济委员会提供初审意见，人民代表大会审查批准，因此更多的是一种成果民主。而"参与式预算"在预算编制阶段就组织公民和社会各界有序参与预算的民主恳谈和征询恳谈。根据预算意见要求，政府相关部门修编预算。在预算的审查阶段，通过街道工委初审、财政经济委员会初审、常委会初审表决等形式，进一步完善预算文本。大会期间通过审查提出修正议案、表决等形式，使预算审查批准更加规范有效。大会批准预算后，通过预算执行、决算和绩效监督以及交办审计、审计查出问题专题询问等形式，对预算安排的使用效果进行跟踪监督，实现预算的全过程监督，预算审查批准实现了过程民主和成果民主相统一。

二是实现了程序民主和实质民主相统一。目前很多地方人代会期间对预算的审查批准基本是一种程序性审查，预算提交晚、内容粗、时间短，而且对预算只能整体通过或整体否决。而温岭"参与式预算"

的表决部门预算和表决预算修正议案制度，完善了预算审查监督体系，代表对预算中涉及相关部门的一般性意见建议，可以在会议期间由部门进行修编吸收，对相关部门及总预算中的重大调整意见，通过预算修正议案的方式进行表决调整，这样可以较好地解决代表审议意见的处理问题，充分发挥代表的主体作用，行使修正和调整预算的权利不再停留在理论层面，而是富有可操作性，预算审查批准实现了从程序性向程序性和实质性并重转变。

三是实现了直接民主和间接民主相统一。我国的人民代表大会制度是一种新型的代议制民主，是间接民主形式。各级人民代表由人民选出并代表人民行使权力，具有最广泛的代表性，充分代表我国各个阶层和行业的利益。与直接民主相比较，这种制度较好地解决了公民参与和体制效率之间的矛盾，有其明显的优势。但是在预算审查过程中，由于受文化程度、专业知识等因素限制，代表作用得不到很好的发挥。温岭正是针对这些问题，在预算编制阶段引入了公民广泛参与预审的探索。参加预审的公民具有广泛性的特点，有通过乒乓球摇号产生的，有通过社会公告报名参加的，有通过参与库、专业库定向邀请的，也有通过基层推荐产生的。在形式上，有由市人大常委会组织的预算民主恳谈，有由基层代表联络站组织的征询恳谈，也有由人大财政经济委员会组织的专家组预审，这使预算审查实现了直接民主和间接民主的有机结合，突出了审查的效果。

四是实现了人民民主和国家意志相统一。人民代表大会制度坚持党的领导、人民当家作主、依法治国三者的有机统一，能够及时将党的主张通过法定程序转化为人民意志。预算审查批准正是将党的主张通过法定程序转化为人民意志的具体内容。各级政府根据经济社会发展规划，合理分配财政资金，通过财政杠杆引导地方经济社会政治文化生态的健康有序发展。因此，预算安排的过程体现了国家意志。但是，由于预算安排具有较强的专业性和预见性，在编制过程中不可避免地存在与基层群众所需所盼不能完全吻合的问题。温岭的"参与式预算"通过几上几下的协商讨论，把党的主张充分体现在预算安排中，使公民在参与中能够深刻领会，同时广泛听取基层一线公民代表的意见建议，把群众的所需所盼吸收到预算编制中，进而实现人民民主和国家意志的统一。

3.推动预算信息公开透明

温岭民主恳谈收集的意见与反馈全部公开。政府预决算信息的公开对象从人大代表扩展为普通公众，信息公开范围从市本级部门预算和"三公"经费扩大到镇街道预算和"三公"经费，公开的渠道日渐多元化，结合数字化改革实现了线上线下融合。

4.促进基层社会治理能力现代化

温岭"参与式预算三审制"，是一个接受人大代表和公民参与决策的过程，是一个汇聚民众利益诉求的过程，是一个决策得到民众认同的过程，也是一个治理能力不断得到提升的过程。它进一步促进了人大代表和公民在城乡社会治理、基层公共事务和公益事业中依法自我管理、自我服务、自我教育、自我监督的能力。多元主体协同推进下，党委、人大、政府、代表、公众各个主体的预算法治观念得到不断提高，全社会的预算意识得到增强，政府与公众联系沟通更加紧密，促使政府运用法治思维和法治方式改进社会治理，提升政府的公信力，促进社会更加和谐稳定。

五、一点体会：温岭"参与式预算"的共治与善治

从共治善治角度，我想谈一谈自己的体会。温岭的民主恳谈由人大制度将其与财政预算结合起来，形成了崭新的预算民主形式。它一方面激活了人大制度，促进了代议机构民主权的充分行使，通过参与式预算的方式，把公众的意见吸纳到预算制定的过程中，使预算民主得到进一步扩展，同时这也是对基层政府预算共治善治的有益探索，更好地发挥财政在国家治理体系和治理能力现代化中的基础和重要支柱作用。

温岭的"参与式预算"，从最早的萌芽开始发展到今天已经走过了20多年，改革的步伐是一步一步走过来的，制度也在改革中不断探索完善。现在，"参与式预算"民主恳谈已经内化于大家的思想和行动之中，并成为一种共识和常态化的工作。

另外，温岭是浙江省台州市的一个县级市，它的各种做法，在省级层面上来看都并不稀奇，但是在县市一级层面上，温岭的做法具有非常大的前瞻性和方向性，体现了基层民主的意识。各地如果要学习温岭的做法，我认为很多东西不能完全复制。因为就温岭而言，它"由点到面，由下而上，由表及里，由柔变刚"的改革，已经经历了近

20年，很多共识已经内化于大家的思想与行动。但是，我认为在其他地方能否复制温岭的经验，还有待商榷。因为推行改革需要一定的社会条件。若人大更强势，参与的工作更多，对预算的调整、决定方面的权利更加落实到实处，财政部门或者其他相关政府部门在刚开始时未必能完全接受（温岭的改革过程中也经历过这样的阶段），但是现在温岭的人大与财政部门的关系已经非常和谐，"参与式预算"已经成为各部门的一种常态化工作，成为相互促进事业发展的一种方式。因此，我认为在基础条件不成熟的时候去推行此项改革未必能达到预期效果，要根据各地的实际情况来推行"参与式预算"。从大方向来讲，这种改革是对的，这也是我们国家在预算中践行全过程人民民主的一种很好的体现。

互动环节

◎ 提问一：

在中国的改革中，经常能看到一些很好的经验做法，但是把这些经验做法复制推广到其他地方以后，很容易出现"水土不服"的现象。关于"参与式预算"的复制推广，请分析一下温岭市"参与式预算"能够成功的关键，或者说成功的土壤和条件是什么？

◎ 回答：

从最初实地调研过程中，我们发现温岭市是一个经济比较发达的县级市，曾在百强县中居第十几位，而且温岭人有一个比较大的特点就是富有创造性，在这样的环境中，温岭的民主气氛非常浓厚。这样一些条件使得民主恳谈在开始时就有意识地从农村思想政治教育逐渐演变成"大家议、大家谈、大家评"的模式，进而引入人大工作之中并激活人大活力，"谈什么""怎么谈"也有了制度的保障以及可持续性。同时，温岭的领导同志和参与者都极具智慧，他们积极请教全国的专家学者并与他们保持沟通，在改革过程中吸纳了一些政治学、经济学专家的意见建议；在实际工作中，领导同志一轮接着一轮推进，"一张蓝图绘到底"，这些也是改革成功的重要因素。我认为，如何把恳谈的良好氛围纳入到体制内去激发人大的活力，这是一个关键点，而温岭的良好的经济条件、富有创造性的群众、极具智慧的领导促成了这一点的实现。

◎ 提问二：

正如您在讲座中提到的，温岭当地认为他们的人大与财政关系很和谐，结合您对各地财政部门的了解，其他地方的人大与财政部门的关系与温岭是否有区别？

◎ 回答：

实际上，温岭的这种"和谐"也是逐步形成的。正如前文所提到的，人大的民主恳谈"参与式预算"实际在某种程度上"遏制了财政部门的命脉"。在2007年前后赴温岭做课题调研时，我们与当地财政局领导进行过一些沟通，他们对此表现出很不以为然的态度，并且不愿意谈及此事。由此可以看出，当时人大与财政部门的配合并不默契。但是后来市委高度重视和大力支持这一改革，人大和政府部门从做好本职工作的角度出发，切实推动了基层的共治善治，这对财政部门及其他政府职能部门工作也都有利。

至于其他地方人大与财政部门的关系如何，我并不是很确切地了解。就省级层面而言，从2001年开始我就参与浙江省级部门预算审查。在这个过程中，通过与财政部门、审计部门以及其他部门的沟通，了解到浙江省财政厅对于评审专家在评审会上提出的一些意见建议都积极采纳，能改则改，不能改则给出合理详细的解释。因此，从省级层面看，我认为浙江省人大和财政部门的关系非常和谐。

◎ 提问三：

如果我们把温岭模式进行推广，让更多地区尤其是更多县级市学习温岭，在探讨有哪些因素可以促成温岭模式推广中，我个人有些观点，想请教一下钟校长以下观点是否正确：一是党委的认可程度，二是财政部门的积极程度，三是参与者的素质。如果这三点都能满足的话，温岭模式在全国推广的可能性是否更大一些？

◎ 回答：

关于第一点，"参与式预算"推进中党委的支持的确非常重要，这是毫无疑问的。温岭之所以可以推行这种模式，也是因为各阶段党委非常支持,并且始终推动改革。经济学中常提到"激励相容",具体到这里就是"参与式预算"需要对党委、政府、群众等都有益处,如果只有单方面的好处,那这项改革推进就很困难。根据我们的研究,温岭的"参与式预算"确实对各方面都有得益,因此它可以持续下来。

第二点是财政部门的态度。我认为,在最初的时候财政部门也许会有些不适应,但是随着改革的进行,现在浙江省的预算公开已经成为一种常态,如果某些地区对预算公开还不能接受,那么我认为"参与式预算"在这些地区复制推广的土壤还不够成熟。

关于第三点,参与者的专业素质的确非常重要。这次我们在调研中也提到这样一个问题,即如何提高每一次恳谈会的质量。现今在已经具备听取意见的广泛性、专业性,最终体现的恳谈质量如何也是我们下一阶段重点关注的问题。其中最重要的是专业性问题。在县一级这个问题更为突出,与大城市相比县一级专业性人才短缺。为了解决这个问题,上海财经大学公共经济与管理学院曾经对记者进行专题培训,旨在使专题新闻报道更具专业性。地方在改革之初也通过邀请专家、培训代表等进行改进。但是这个问题永远在路上,没有一个具体的标准,并且新问题、新现象也在不断出现。因此,不仅浙江温岭或者浙江其他地方推行"参与式预算"需要重点关注解决这个问题,其他地方也同样需要考虑。

◎ **提问四:**

请问您是否认为完善的法制、公正的司法才是"参与式预算"的制度基础?如何保障公民充分履行预算监督权利?

◎ 回答：

我认为这一点与文化传统相关。在浙江的文化里，特别是温岭这样的地方，不存在代表参与监督可能会遭受打击报复这种情况，群众也不会有这样的想法。

◎ 提问五：

温岭的"参与式预算"是否有一些本土的历史文化和经济社会的特殊土壤原因？还是只是在一个特殊时期张学明主任主导下的具有偶然性的特殊个例？有很多地方学习了温岭做法，但是发现无法复制，是不是我们的财政预算体制、人大的预算监督规则不支持？如果制度很难支撑，那么应该如何进行改进？

◎ 回答：

温岭"参与式预算"有其自身的偶然性，但是它之所以能够一直发展到今天，偶然之中势必存在必然性。这个必然是什么？我认为是民主法治的逐步完善这种大的环境背景推动了温岭的"参与式预算"。但是具体在各个地方如何实行，需要考虑各个地方的差异问题，尤其是文化背景的差异。因此，我认为温岭"参与式预算"不能马上复制推广，各个地方需要慢慢朝着这个方向努力。就温岭本身的实践而言，它也是一步一步走过来的，并不是一步到位，在这个过程中也存在需要克服的各种迷惑和困难。

马蔡琛

南开大学经济学院教授,博士生导师,兼任中国财政学会理事、中国国际经济关系学会常务理事、中国国际税收研究会理事、全国政府预算研究会理事、全国高校财政学教学研究会理事。主要研究领域为公共预算与财税管理。近年来,主持了《我国预算绩效指标框架与指标库建设研究》《新时代中国预算绩效管理改革研究》共2项国家社科基金重大项目以及多项国家级和省部级课题。在《财政研究》《税务研究》《财贸经济》等期刊发表论文200余篇,多篇被《新华文摘》和人大复印资料全文转载,出版《新中国预算建设70年》《山坳上的中国政府预算改革》《变革世界中的政府预算管理》《构建中的预算绩效指标框架:理论与实践》《社会性别预算:理论与实践》《中国社会性别预算改革:方法案例及应用》《政府预算》(第1版、第2版)等专著和教材多部,获得多项省部级科研奖励。

第六讲 新时代政府预算绩效管理的现实与前瞻*

内容提要

《道德经》言:"治大国如烹小鲜。"习近平同志也曾引用此语,其蕴含道理非常深刻。党的十九大报告指出,要"建立全面规范透明、标准科学、约束有力的预算制度。全面实施预算绩效管理。"2018年11月,财政部发布《关于贯彻落实〈中共中央 国务院关于全面实施预算绩效管理的意见〉的通知》,要求到2020年底中央部门和省级层面要基本建成全方位、全过程、全覆盖的预算绩效管理体系,既要提高本级财政资源配置效率和使用效益,又要加强对下转移支付的绩效管理,防止财政资金损失浪费;到2022年底市县层面要基本建成全方位、全过程、全覆盖的预算绩效管理体系,做到"花钱必问效、无效必问责",大幅提升预算管理水平和政策实施效果。当前预算绩效管理仍面临着复杂的挑战,应按照全方位、全过程、全覆盖的原则,做好理论与技术创新,推动全面实施预算绩效管理落到实处。

---

* 这是马蔡琛教授2022年8月28日在国家预算治理大讲堂的演讲稿,根据录音整理,并经本人审阅。

一、"预算"一词的由来

"财政"一词,如用汉字拆字法,可以解释为政府理财或者以财行政。从英文来看,"public finance"从字面上译不出"财政"这个词来,其直译应为公共金融或是公共部门理财(政府理财),那么它与私人部门理财(企业理财,家庭理财)实际上不过是在定语上有一词之差而已。

而"预算"的概念,追本溯源,也是在戊戌变法前后引入的。经考证,1895年,近代著名学者黄遵宪先生在其《日本国志》里,最早提到了预算这个概念。1911年,吴琼出版了中国近代第一本预算著作《比较预算制度论》。一般来说,预算的概念大体上追溯于此。但在我看来,中文文献中,最早的预算研究者是《三国演义》的作者罗贯中。在《三国演义》第三十六回中言道,玄德正与单福在寨中议事,忽信风骤起。单福曰,"今夜曹仁必来劫寨。"玄德曰:"何以敌之?"单福笑曰:"吾已预算定了。"这便提到了预算。我们目前研究的预算是财经术语,徐庶(单福)提及的预算是军事运筹学的术语,所谓兵法云:"算多者胜,少者败,而况于无算乎?"这是在庙堂之上神机妙算的意思。但两个"预算"在本质含义上却有相通之处,即都有"预先测算"的含义。

目前政府预算管理的问题恰恰就在于此,就是预算往往难以预先测算确定。试举两例。一是年底突击花钱。出于各种原因，早些时候，上级财政对市县的专项补助往往大部分在8月以后拨付，俗称"八月十五放光明"，而又要求年底前花完，这就出现年底突击花钱的现象。二是在决算报表中调整预算。现在一些部门和单位的决算报表中预算执行率很好，甚至几乎百分之百。这是因为他们预算执行率里的预算数不是年初预算数，而是根据这一年的实际运行所做的调整预算数，自然可以得出执行率很好的结论。这样的话，年初预算数在年底决算时便不知所踪了，也就失去了预算的本来意义。而全面实施预算绩效管理正是解决这一问题的关键途径。

二、预算绩效管理的时代背景

（一）国家治理体系和治理能力现代化的要求

说起"国家治理体系和治理能力现代化"这句话，大家耳熟能详。具体到预算绩效管理方面来理解，就是要对纳税人作出开诚布公的回应，政府把收缴的税款投入到了哪些支出领域，取得了怎样的具体成效。要回应这样的信息，就必然要全面实施预算绩效管理。

（二）财政压力和财政收支矛盾加剧

2008年温家宝同志在两会答记者问时讲道，"其实，一个国家的财政史是惊心动魄的。如果你读它，会从中看到不仅是经济的发展，而且是社会的结构和公平正义。"[①]我们回顾财政史可以发现，历史上王安石变法、张居正改革、杨炎的两税法等，这些重大的经济社会改革共同面临的一个重要背景就是财政收支矛盾比较突出，都需要启动政府理财方式的变革。家庭理财也是这样，《红楼梦》里贾府收支矛盾比较突出的时候，也需要找一个理财高手——凤姐当家。自经济运行进入新常态以来，尤其是新冠疫情以来，我国财政收支确实是压力越来越大。越是在这种时候，我们越需要把好钢用在刀刃上，杜绝"跑冒滴漏"。所谓"勿兴不急之务而浪用民财"，正是这个道理。所以财政收支矛盾突出，是催生预算绩效管理改革的一个很重要的背景。

（三）各地发展不平衡

目前介绍的预算绩效管理先进经验，往往是北京模式、广东模式、上海模式等，这容易感觉是经济发展阶段论，经济发展好、财政收入高的地区，预算绩效管理的成效就好。但我们更需要关注的是大多数财力状况差不多的省份，包括财政收支矛盾非常突出的地区，怎么通过预算绩效管理提质增效，把有限的财政资金更有效地进行安排和使用，起到雪中送炭的效果。

（四）新兴技术的支持与挑战

现在的预算绩效管理工作，项目多、任务重、时间紧，工作特别忙碌，再加上技术方法还不够先进，主要还是靠人海战术，导致效率

---

① 温家宝谈财政体制改革：让人民的钱为人民谋利益[EB/OL].人民网，2008-03-19.

不高。近年来，科技的发展日新月异，大数据、云计算、人工智能、区块链等技术日益成熟，我们要追上大数据时代、数字经济信息化时代变革的潮流，将这些技术真正融入财政预算绩效管理中去。

三、中国预算绩效管理的"两阶段"假说

政府预算改革实际是经历了两个阶段：一个阶段是控制，另一个阶段是绩效，其中蕴含了预算管理原则的变迁。首先是控制阶段，在政府预算教科书中，会涉及早期市场经济的若干古典预算原则，强调约束明确，强调健全财政。其次是绩效阶段，随着凯恩斯经济学大行其道，强调政府的财政货币政策要主动出击，要逆对经济风向、熨平经济周期，由于政策有认识时滞、制订时滞、执行时滞等，所以现代预算原则开始强调弹性和灵活性等。那么，控制和绩效之间是什么关系？我们在现实中容易陷入这样一种误区，误以为不断地通过加强控制，最终才能提高绩效。但实际上，这二者是鱼和熊掌的关系。即如果过度加强控制，往往是以丧失绩效为代价的。如果更加强调绩效，必须要向一线管理者授予充分的自主权。我们只需要向一线管理者设立好绩效目标，让他对最终的绩效目标、绩效结果负责，而如何达到目标，其中具体的技术细节问题，则放权给一线管理者相机决策，手段与过程并不需要过多控制，只需要一线管理者实现预算目标和结果。

控制阶段和绩效阶段之间应该是有先后顺序的。我们自2000年起先后启动了部门预算、国库集中收付、政府采购、收支两条线、政府

收支分类等改革，为后来的中期财政规划、政府综合财务报告、预算绩效管理改革奠定了基础。回顾历史，我们发现，恰恰是财政收入不高的时候，就易于建立预算基本规则，所以财政收入丰盈之后，在预算管理上就已经形成了章法。正如著名预算专家艾伦·希克所言："发达国家只有在已经建立起可靠的控制制度之后（而不是之前），才赋予管理者运作的自由，将先后顺序颠倒就要这样的冒风险，即在有效的制度建立之前，就给予管理者随心所欲地支配财政资金的权力。"政府财政预算里的资金，就是用纳税人的钱给纳税人做事。所谓受人之托，忠人之事。拿别人的钱替别人做事，要随时注意自证清白。如何自证？通过绩效考核、绩效评价、绩效管理、资金控制等一套打理纳税人钱财的基本规则和控制体系来自证清白。需要注意的是，发达经济体的政府被议会、被公众、被媒体监督控制了几百年，现在放松控制、强调绩效成为一种趋势。但我们没有这么多时间，如果我们先建控制体系，再接着强调绩效，那时间上是来不及的。所以我们必须两手抓，两手都要硬，一方面要加快建立资金管理的控制体系，另一方面要强调资金使用的效果。正如毛泽东同志有诗云，"多少事，从来急；天地转，光阴迫。一万年太久，只争朝夕。"中华民族伟大复兴事业留给我们这一代人的任务，就是同时要把这几件事情做好。

四、从传统绩效预算走向现代绩效预算

在预算绩效管理实践中，应注意区分传统绩效预算（老绩效预算）

和现代绩效预算（新绩效预算）。我曾在2006年的一篇文章中初步阐述了新老绩效预算的区别，在2019年的另一篇文章较为系统论证了从传统绩效预算走向现代绩效预算的路径选择。之所以要对这个问题给予更多的关注，是因为传统绩效预算最后没能取得预期效果，必须要选择现代绩效预算。那么，传统绩效预算为什么没能取得预期的效果呢？

（一）缺乏立法机关和监督机构的支持

回顾美国的历史经验，在20世纪50年代，国会认为绩效预算的表述过于死板和严苛，对未来的预算改进没有什么帮助。1993年又通过了《政府绩效与结果法案》，强调了立法监督机构的作用，尤其是立法先行。回到国内，我们目前的绩效管理和绩效评价，总体上是财政部门在推进，而人大、审计的介入还需要加强。财政部门的绩效评价和审计机关的绩效审计，同企业的内部审计和外部的注册会计师独立审计之间的关系有些相似。那么，财政部门的绩效评价这个内部的管理控制系统和审计机关的绩效审计这个外部的监督控制系统之间，至少是在指标设计、信息共享、框架模式上需要接口。在这方面，我国已出现了向好的变化。2021年5月27日，全国人大预算工委召开了政府绩效预算立法部门座谈会和专家座谈会，专门讨论政府绩效预算立法的问题。

（二）政府会计改革的滞后

政府的财政管理与企业的财务管理有些类似，政府的绩效评价正是起源于企业人力资源管理的绩效评价。人力资源管理中的绩效评价，是将员工对公司作出的贡献进行评估，并给予相应的绩效奖励、绩效薪酬。需要注意的是，绩效重在激励，惩处仅仅是一个附加项。企业财务管理依托的是财务报告体系，而政府预算的绩效评价和政府会计改革之间、政府综合财务报告之间的相互支撑、相互呼应的关系还需要加强，所以目前亟须完成的一个任务是推动政府会计改革和预算绩效管理改革对接。因为政府会计体系能够提供丰富的政府资产、负债、成本、现金流等重要信息，而不同于传统的收付实现制只能提供有限的绩效信息，这对于绩效预算、预算绩效管理非常重要。

为什么说这些信息很重要？我们以地方政府债务问题为例。地方政府财政收入这么少，整体债务规模这么大，如何能偿还？用负债总额除以当期财政收入，类比思考的话，在企业里这个指标称为销售收入负债率。这指标没有太大的意义。因为每年的财政收入是流量指标，而负债是资产负债表里的存量指标。如何判断一个企业的财务状况，最重要的指标是什么？就是资产负债率。那么政府的资产负债率呢？不管是国资委管理的经营性国有资产，还是行政事业单位的非经营性国有资产，政府拥有大量的优质国有资产，用负债总额除以这些资产总额，得到的资产负债率是很低的，应该在警戒线以下。但问题在于这些资产大多是以固定资产、实物资产形态存在，所以地方债务问题更多的是一个流动性风险，用企业财务管理的语言就是流动比率、速动比率。而权责发生制的政府综合财务报告体系，恰恰是可以提供这些方面的信息，通过这个角度来破解政府债务的问题，所以政府会计、政府财务报告是推进预算绩效管理的一个非常重要的技术支撑。

20世纪50年代，发达经济体的传统绩效预算失败以后，用了半个世纪的时间，建立了一套以权责发生制为核心的政府和非营利组织会计核算体系。同样，我们没有这么多时间。一方面，兵工厂里各种政府会计、核算计量工具正在研发；另一方面预算绩效管理和绩效评价的前沿战斗号角已经吹响，所以也要两手抓，两手都要硬。政府预算管理是个总抓手，需要多项改革与之相互支撑，不是单兵推进，而是方方面面的齐头并进。

（三）新增工作量巨大

建成预算绩效管理体系的"全方位"要求，就是中央、省（自治区、直辖市）、设区的市（自治州）、县（自治县、旗）乃至乡一级都要全面实施预算绩效管理。所谓"上边千条线，下头一根针"，在实践中要预防一个大忌，不能把在中央和省一级行之有效的绩效管理办法直接应用到基层，而是必须要考虑到基层财政部门的人力资源配置以及整体工作荷载。越到基层，越要探索一些简化的绩效评价方法，否则基层财政的绩效评价任务难以完成。从一些国家的经验教训来看，PPBS（计划—规划—预算—系统）或PPBE（计划—规划—预算—执行系统）实际是绩效预算的变种，也可以理解成一种绩效预算的报告。在早些时候，有些国家的农业部的PPBS报告打印出来竟然厚达4英尺（约1.2米），这种增加的工作量远远超过了一线管理者所能够承受的上限，这也是导致传统绩效预算失败一个很重要的原因。正如前面所述技术变革的问题，产生此现象的原因也是因为那个时代信息化处理技术不够发达。如果不引入新技术，还是用传统的人海战术，最后很可能重蹈传统绩效预算的覆辙。所以，我们必须用好新技术手段，打一场现代化绩效管理的战争。

五、预算绩效管理需要处理好的几个问题

（一）中期财政预算

党的十八届三中全会财政提出，中期财政规划、跨年度预算平衡机制和预算绩效管理之间要相互支撑。中期财政规划有一个需要注意的问题，它是三年滚动周期的财政规划，而发改委系统的国民经济和社会发展五年规划是五年非滚动的规划，这就导致三年滚动预算当滚动到两个五年规划临界点的时候，难以滚动推进，因为制定财政规划时难以预料新的五年规划会出现怎样的变化。所以我们亟须解决这两者的周期错配问题，这也是全面实施预算绩效管理中非常重要的技术支撑。

（二）绩效和预算关系的三个层次

第一种是绩效装饰预算，即建立起绩效报告、绩效指标、绩效目标等绩效预算体系。第二种更为重要，是绩效影响预算，即绩效评价结果和下一期的预算资源分配挂钩，相当于企业人力资源管理中，员工上一期的绩效表现能够影响其下一期的绩效工资，通过奖勤罚懒体现绩效激励。目前存在一个问题，即今年的预算要明年才进行绩效评

价,甚至要到下半年才能形成评价结果,那么后年编预算的时候,才能应用这些结果,有滞后性的缺陷。第三种是绩效决定预算,这是更理想的状态。根据理性主义预算理论,应按照资金配置效用最大化的原则来实现有限财政资金的最优化分配。同时,预算更是一个政治问题,需要考虑的不仅仅是经济学意义上的资源配置最优化,而是要考虑多方影响,但这并不妨碍我们去追求按照资源配置效用最大化的方式来实现预算资金分配的这种努力。

(三) 第三方评价

第三方评价的主要问题有二:一是其顶层定位不清。第三方绩效评价,究竟是鉴证类服务,还是咨询类服务,目前并未明确。如果是鉴证服务,第三方应按照绩效评价的准则指南来出具报告,以规范的格式、严谨的语言进行书写。而咨询服务则较具灵活性,可以更加弹性地阐述意见。第三方机构往往期望收取鉴证服务式的费用,却只想承担咨询服务的责任,而财政部门则希望只付出咨询服务的成本却能获得鉴证服务的疗效。因此,在顶层上将其明确定位非常必要。二是评价方法有待优化。目前绩效评价报告采取的方法都比较简单,这是因为复杂方法的评价成本难以承受。如平衡计分卡,从财务维度、内部业务维度、学习成长维度和客户维度四个维度进行评价。由于成本原因,现实中基本上只能围绕财务维度展开评价。再如作业成本法,将资源动因追溯分配到作业,再将作业动因追溯分配到产品。由于实施成本的原因,实操上将其简化为全成本预算绩效管理,即把直接成本和间接成本加在一起，计入产品成本。所以在现有评价付费的约束下，应研究如何将复杂的评价方法简化从而降低评价成本，提高绩效评价的效率。

六、预算绩效管理面临的主要挑战

（一）基本概念辨析

如3E原则，即经济性、效率性、效果性。但这三个原则，无论是中文还是英文，都是近义词。讲究经济效益，提升效率，改善效果，实际上区别非常细微，没有太强的区别深度。因此，3E原则可以作为宏观原则，但落地实践时指导性不强。再如IOO模型，即INPUT投入、OUTPUT产出、OUTCOME效果，IOO模型强调要关注产出，更要关注效果。因为产出容易分析，而效果往往是多因之果，受到很多因素的影响。其中两个问题尤为主要：一是效果很难立竿见影。今年投资明年就有成果，这很困难，因此很多评价要在中期甚至是长期尺度上展开。二是小马拉大车问题。有时投入资金不足、使用管理也较为松懈，最终却取得较好的成果，这可能是因为前期就已经打下了较好的基础。

（二）目标和指标的关系

现在预算绩效实践中，人们往往把更多精力放在指标设计上，但实际上，目标的设计更为重要。目标只有一个，但刻画目标的指标却"横看成岭侧成峰"，可以有许多选择。实操中的问题在于，目标没有把握清楚，就投入大量的精力到指标上。正确的操作应为第一步先建立目标体系，一级目标、二级目标到三级目标，再建立指标体系，最终给出指标值。

（三）规则程序的问题

相同的客观事实，不同的程序规则，可能会导致不同的结果。如，组织25人的专家委员会，按照少数服从多数的原则，公平公正地对一个公共支出项目投票。如25人作为一个大组直接投票，其中有9人支持，16人反对，显然反对者胜出。但如果将25人分为5个小组，其中三个小组各有3名支持者，则支持者胜出。因此，细致研究和审慎选择规则程序很有必要。

（四）预算支出标准和预算绩效标准的关系

目前绩效评价工作在得分上投入更多精力，但分值的参考意义却有限。需要关注的是两个数值，一是最高分，在绩效管理中被称为标杆管理；二是平均分，在绩效管理中被称为相对业绩比较。因此，要统一预算绩效标准，使得不同地区之间可以直接比较，从而形成"比学赶超"的氛围。

（五）自评报告和第三方评价报告出入过大

有的地方部门自评几乎都接近满分，但第三方评价往往很低，这个问题也应该得到重视。有的地区已经探索出了一个较好的技术方法，即建立自评报告和第三方评价报告的正常误差值的制度。如果超过正常误差，就要倒扣分。这种制度实施以来，许多被评价单位主动要求把自评报告撤回修改，使得自评报告更加实事求是。

七、将全面实施预算绩效管理落到实处

（一）全方位的视角

一是要覆盖全部政府财政层级。同时越到基层越要探索简化的评价方法。

二是健全涵盖四本预算的全口径预算绩效管理体系。一般公共预算的绩效评价指标体系已经比较健全，国有资本经营预算的评价核心是国资委管理的国有企业的经营预算绩效问题，要依托于企业会计核算建立起来，类似于"杜邦财务分析体系"，这样就可以较为简便地依托于财务报表进行评价，不需要重启锣鼓另开张。政府性基金预算和社会保险基金预算，既然名为基金，那么就应该按照基金会计核算准则来评价。尤其是社会保险基金预算，长期预算之重点在于社会保险基金预算。从各国情况来看，一般来说要编30—50年的社保基金预算，因为要覆盖人的生命周期，而且还要参照人口的出生率、死亡率、预期寿命与通胀率等数据，熨平异动性冲击，形成精度较为准确的长期平滑指标。

（二）全覆盖的视角

一是将目前的部分项目支出还原为基本支出。目前大量的项目支

出实际上是不可削减的，因为这些是一个部门基本职能实现所必需的基本支出。所以应将这一部分项目支出还原成基本支出，按照基本职能的实现情况进行评价，而不是按照项目支出的评价方式来管理。

二是不同重要程度的项目如何评价。基于此，我提出了双重"二八率"的概念，即对于80%的项目要采用简洁性评价的办法，只有20%的重点项目才需要进行综合性评价，其中简洁性评价仅需要保留综合性评价中20%作为关键的核心绩效指标。

三是满意度评价。目前很多满意度评价是调查受益群体来评价，这样得出的结果有失偏颇。怎样才是好的满意度评价呢？用淘宝的语言来形容，要做到第一不雇水军，第二不删帖即可。

（三）全过程的视角

一是调整"两上两下"的预算管理流程。"一上"是支出部门上报建议数，因为支出部门预料到其上报的建议数很可能会被削减，所以一般会多报，同样财政部门也能预料这一行为，便会过分削减，从而恶性循环，导致大量宝贵的预算编制时间浪费在"一上"这个阶段。而真正起作用的是"一下"即下达预算控制数，但是"一下"距离"二上"的时间太短，往往会草草了事，所以"两上两下"的预算管理流程需要调整。具体可以采用总额预算控制的办法，首先从上至下启动，逐级确定预算控制数，各单位在预算控制数之下，有充分的时间编好部门预算。

二是评价结果与预算分配的挂钩。如果两者挂钩，即今年的预算绩效评价得分和明年的预算资金分配相关，那么如何才能提高绩效评价的得分呢？当然通过努力能够提高，但很多部门和机构会采取"包装上市"的办法，寻求专业的咨询服务机构进行包装，提高卷面分，这是我们需要解决的一个问题。

毛泽东主席在《星星之火，可以燎原》中有言，"所谓革命高潮快要到来的'快要'二字作何解释，这点是许多同志的共同的问题。马克思主义者不是算命先生，未来的发展和变化，只应该也只能说出个大的方向，不应该也不可能机械地规定时日。但我所说的中国革命高潮快要到来，绝不是如有些人所谓'有到来之可能'那样完全没有行动意义的、可望而不可即的一种空的东西。它是站在海岸遥望海中，已经看得见桅杆尖头了的一只航船，它是立于高山之巅远看东方已见光芒四射喷薄欲出的一轮朝日，它是躁动于母腹中的快要成熟了的一个婴儿。"[①]如今，预算绩效管理的高潮也快要到来，我们也应像毛泽东主席所指出的那样，既对预算绩效管理有着应然的期许，也要有我们一定能实现目标的信心，共同实现全面实施预算绩效管理。

互动环节

◎ 提问一：

基层政府并不重视绩效，一是项目申报不重质量重数量，做项目也是只重视资金是否到位、是否按时完成，对资金效率并不是放在第

---

① 毛泽东. 毛泽东选集（第一卷）[M].北京：人民出版社、解放军出版社（重印），1991：108.

一位来考虑；二是评价结果运用没有效果，许多政府部门对自己的项目评价报告打满分，这些情况如何处理？

◎ 回答：

基层预算绩效管理问题是很值得我们关注的。为什么经济欠发达、财力收支矛盾比较突出的地区搞预算绩效管理的动力不足呢？因为推进预算绩效管理需要一定的回旋余地，专业术语被称为财政空间（预算空间）。比如要奖勤罚懒，那么得保证能负担得起奖勤的资金。再者保运转的基本公共服务项目支出如果绩效不好，就撤销这个项目，这显然不合适。此时应该用新绩效预算的思路解决问题，不是裁换项目而是调整具体负责人，来更好地进行基本公共服务。最后基层政府的财力不是完全由自己掌握，上级政府向其拨付的转移支付也是很重要的，因此，上级政府应对转移支付的资金进行绩效评估。

◎ 提问二：

目前财政部门比较重视绩效，但是预算单位和项目单位在确定绩效目标时存在本末倒置的情形。如何应对？

◎ 回答：

对项目单位来说，确实存在着评价主体过多的问题，如财政的绩效评价、审计的绩效审计等。如果能引入外部监督主体，形成多方合力，可能会对破解此问题有积极的意义。

◎ 提问三：

预算绩效立法问题的最新进展如何？

◎ 回答：

2021年5月27日，全国人大预算工委召开了政府绩效预算立法部门座谈会和专家座谈会。关于后续工作，我从研究的角度有一些思考。《预算法》为什么从2004年开始修订，一直修订到2014年才结束呢？《预算法》在狭义上是个程序法，但它也规定了政府的财政层级、地方政府的举债权等涉及财政基本法的问题，因此面临的问题较多，修订的时间较长。而《预算绩效法》（或称为《政府预算与绩效责任法》《财政责任法》）也是财政基本法，需要与整个预算法律体系进行配套。再者，地方先行先试也是一个不错的思路。2023年1月1日《青海省预算绩效管理条例》正式实施，这是我国省级层面的首部预算绩效管理地方性法规，为建立"全过程、全方位、全覆盖"的预算绩效管理体系奠定了法律基础，标志着预算绩效管理法治化进程迈出重要一步。

◎ 提问四：

绩效管理的精细度准确性和效率如何兼顾？对政府融资支出如何有效管理？预算编制是否可以第三方机构参与？

◎ 回答：

第一个问题，在上文双重"二八率"一节中有所涉及。首先就要分类，随后对重点项目展开全面评价，对普通项目实施简洁评价。

第二个问题，我认为应该把所有的资金按照同样的标准统一管理，重点关注政府单位整体的绩效情况，关注各种资金形成的合力如何。

第三个问题，我认为可以。实际上不仅可以邀请第三方机构参与预算编制，还可以邀请人民群众来进行预算听证，博采众长。浙江温州、河南焦作、上海闵行等地均曾有试点，取得了不错的成效。

◎ 提问五：

每年的预算资金年底花不完就被收回，由此造成的年底突击花钱现象如何解决？

◎ 回答：

这是一个机制性的问题，基层政府收到预算资金的时候，有时候已经下半年甚至是第四季度了，所以不得不突击花钱。我认为，应该调整预算执行率的计算方法，即计算日期应从基层财政实际收到预算资金之日起计算，而不是从年初就开始计算，从而修正这个机制。

刘剑文

北京大学法学院教授,法学博士,博士生导师,北京大学财税法研究中心主任,中国财税法学教育研究会会长,中国财税法网创立人,《财税法论丛》主编,担任《中华人民共和国税收基本法》《中华人民共和国财政转移支付法》起草组组长,《中华人民共和国国有资产法》起草小组顾问。长期致力于经济法学、民商法学、国际经济法学等领域的教学与研究,主攻税法(含中国税法、国际税法)、知识产权法(含中国知识产权法、国际知识产权法)、公平交易法和金融法。代表性论著和教材有《法治新时代的公共财政监督》《民主视野下的财政法治》《WTO体制下的中国税收法治》《TRIPS视野下的中国知识产权制度研究》《财税法学》《财政税收法》《国际税法学》等。

第七讲 落实税收法定原则的意义与路径*

内容提要

税收法定原则涉及社会稳定发展和国家长治久安，对国家治理现代化具有重要意义。无论从税收法定原则的发展史，还是各国宪法对税收法定原则的规定来看，人民同意均系税收法定的核心。2013年党的十八届三中全会第一次以党的纲领性文件形式明确提出落实税收法定原则。此后，全国人大常委会在2016—2021年先后通过多部单行税种法律，如《环境保护税法》《烟叶税法》《船舶吨税法》《车辆购置税法》《耕地占用税法》《资源税法》《城市维护建设税法》《契税法》《印花税法》，建构起较为完整的税制和税收规范体系。但在推进国家治理体系和治理能力现代化背景下，落实税收法定原则仍面临诸如税收法律供给不足、税收法律可执行性不强、税收法律执行状况不佳等挑战。针对上述问题，应确立税收法定原则的实现路径，明确全国人大及其常委会作为税收立法主体的主导地位，不再出台新的税收条例，有计划地将现行税收条例修改上升为法律，并废止相应条例，注重提高立法质量，全面落实税收法定原则，进而实现从"税之良法"到"国之善治"。

---

* 这是刘剑文教授2022年9月24日在国家预算治理大讲堂的演讲稿，根据录音整理，并经本人审阅。

一、税收法定原则的核心要义

众所周知，人类社会发展史上有两大法治原则——罪刑法定原则和税收法定原则。这两大原则涉及公民的人身权和财产权，罪刑法定原则主要保护公民的人身权，税收法定原则主要保护公民的财产权。罪刑法定原则在30年前的共和国大地上就已深入人心，但税收法定原则在我国特别为社会所了解还是近些年的事情，时间不过10年左右。

（一）各国宪法对税收法定原则的规定

一国宪法通常会对税收法定原则作出规定，一般有两种规定方式。一种是从征税主体的征税权来规定。如法国、日本、俄罗斯。《法国宪法》规定，"各种性质的税收的征税基础、税率和征收方式必须以法律规定"（第34条）；《日本宪法》规定，"新征税收或变更现行税收必须有法律或法律规定的条件为依据"（第84条）；《俄罗斯联邦宪法》规定，"将税款纳入联邦预算的税收制度和俄罗斯联邦收费的一般原则是由联邦法律予以规定"（第75条）。可见，由于税收法定涉及公民的财产权及其保护问题，很多国家在宪法层面从征税权的角度来对税收法定作出规定，征税机关要依照法律来征税。另一种是从纳税义务角度来规定。如我国《宪法》第五十六条规定，"中华人民共和国公民有依照法律纳税的义务"。这里需要强调的是，《宪法》强调"依照法律"而不是"依法"，因为"依法"的"法"是广义的，包括法律、行政法规、地方性法规以及部门规章等，但税收法定的"法"是狭义的，强调法律。

（二）税收法定原则的发展史

税收法定提出至今有近800年历史。它起源于中世纪的英国，最初由封建统治阶级内部的权力斗争引起，后来随着新型资产阶级的发展，逐渐演变成新旧势力的对抗与妥协。最终，资产阶级取得统治地位，封建国王淡出历史舞台。英国1215年的《大宪章》、1628年的《权利请愿书》都提到过类似问题。最初，政府对人民征税由国王决定，但在新型资产阶级在同封建势力斗争过程中，国王渐渐退出历史舞台。到中世纪早期，大贵族谋求建立国王未经同意不得擅自征税的制度和批准机构，即国王"无承诺则无课税"。诺曼王朝时期，国王约翰签署了《大宪章》，在课税问题上明确限制了王权，1215年重新颁布的《大宪章》进一步规定批税权归属御前会议。1297年，国王爱德华一世制定了《无承诺不课税法》，正式确立议会的批税权，由议会而非国王批准课税成为议会的主要职能。1628年，议会通过《权利请愿书》，提出未经国会一般性同意，任何人不需承担各种非法负担。

从某种意义上说，人类社会变迁史就是税收法定原则建立发展的历史。人类社会的很多重大事件都是因征税而引发的，英国光荣革命、法国大革命都是如此。虽然英国最早提出了税收法定原则，但它并未完全遵守该原则，否则也不会有今天的美国。美国以前是英国的殖民地，英国在1789年前后曾在美国波士顿地区增设茶叶税以解决政府收入不足的问题，但征收茶叶税未经过当地居民同意，当地居民揭竿而起，推翻了英国的殖民统治，建立了美利坚合众国。显然，政府向人民征税但不经过人民同意，人民就会造反。在我国历史上，多次农民起义都是不满当局的扩张征税而爆发。所以，税收法定原则涉及国家的长治久安。正因税收法定原则对社会稳定发展的重要意义，2013年党的十八届三中全会第一次以党的纲领性文件形式，明确提出落实税收法定原则。

（三）税收法定的核心：人民同意

通俗来讲，税收法定又叫"无代表则无税"。换言之，纳税人未选出代表则无法组成议会，无议会则不能制定法律，无法律则不能征税，这便是通常讲的税收法定。那么，税收法定的核心到底是什么？是人民同意，即政府从人民口袋里掏钱，须要征得人民的同意。人民同意通常有两种方式：一是像乌克兰东南部4个州为并入俄罗斯而举行的公投，这种可称之为直接民主方式；二是代议制，通过代议机关解决税收基本问题和立法问题，这种可称之为间接民主方式。在我国，代议机关是人民代表大会。那么，政府从人民口袋里掏钱要经过人民同意，在我国代议制下就是由纳税人或人民选出代表来组成人民代表大会，由人大代表人民制定法律，人大制定的法律也就代表人民或纳税人。所以人民的同意是很重要的。

也许有人会问，过去一直由国务院制定征税行政法规的做法不好吗？需要明确的是，在很多国家，税收立法都是议会的专有权力和保留事项。在我国，税收立法权是全国人大及其常委会的专有权力，未经全国人大及其常委会的授权，国务院无权制定税收行政法规。正是全国人大及其常委会在1984年、1985年两次授权给国务院制定关于税收行政法规的权力，我国才得以通过税收行政法规这种方式来征税。所以，我国在相当长一段时间的征税是有依据的，尽管只是依据行政法规，但此行政法规有来自最高权力机关的授权，政府征税就具有正当性。因此，不能否定改革开放40年的税收立法和税收征管工作。当然，有些人批评这种授权缺乏监督和约束，这些问题在《立法法》修改时得到了一定解决。总之，人民同意很重要，人民通过什么方式同意？人民代表大会。《宪法》第二条规定，"中华人民共和国的一切权利属于人民。人民行使国家权力的机关是全国人民代表大会和地方各级人民代表大会。"这里强调了人民主权和依法治国的理念。政府征税要遵循人民主权理念，人民至上强调依法治国。可以说，税收法定的实质就是规范征税活动，保护纳税人权利。因为涉及财产权，政府不能滥用征税权。

（四）税收法定原则的意义

1.税收法定原则是民主法治的具体体现

税收是国家提供公共物品和公共服务的必要成本，故学者们早期在微观上强调税收"三性"——无偿性、固定性、强制性，现在从宏观上强调税收"三性"——保障性、制度性、支柱性。在近年的研究和实践中，税收逐渐被视为一种债，称之为税收之债，但它不是一般的债而是公法之债，公法之债是法定之债。过去过分强调国家的征税权和纳税人的纳税义务，当将税收看作一种债时，不禁要问，纳税人为什么要缴税？因为国家需要给纳税人提供公共品和公共服务；国家为什么要征税？因为国家要保证向人民和纳税人提供公共品和公共服务。这体现了一种代价。纳税人给国家以税收，国家给纳税人以公共品和公共服务，这既强调了国家的权力，也强调了国家的义务；既强调了纳税人的义务，又强调了纳税人的权利。因此，税收法定是民主法治的具体体现。因为它涉及财产权，人民纳税就应有表达权、监督权、参与权，税收这种民主法治是看得见、摸得着的，因为它涉及每个人的生老病死和衣食住行。税收法律原则同样是民主政治制度建设的重要体现，体现人民当家作主和以人民为中心，充分反映民情、民意、民智。全国人大及其常委会举凡涉及民生的法律，都会公开征求意见。2005年，全国人大常委会就个人所得税费用扣除标准从800元提高到1600元进行了立法听证会，这是全国人大第一次举行全国性立法听证会。2015年修改《个人所得税法》，将费用减除标准从2400元提高到3000元，后来听取意见后提高到3500元。如果没有公开征求意见，个人所得税费用减除标准会从初始方案的3000元提高到最终方案的3500元吗？这种采纳民意是我国民主政治的一种形式，让人民来参加民主政治活动，同时提升税制改革的质量。

2.税收法定原则是约束税权和保障税收合法性的统一

自从盘古开天地,有国家就有税收,有税收就有法律。国家机器的运转需要有庞大的财力作为支撑,财力的主要方面就是税收。在"税收国家"语境下坚持税收法定原则,一方面是对国家征税权的规范和约束。德国以前有个半数理论,即国家征税应以不超过纳税人财产的一半为限,国家减税也应不少于纳税人纳税的一半。所以,坚持税收法定原则是对国家征税权的规范和约束,这是必要的。权力不得任性,权力不得滥用。另一方面,坚持税收法定原则能确认法律框架内税收活动的正当性。在国家和人民之间的关系中主要是税收关系,因为税收涉及国家与纳税人的关系、中央与地方的关系、立法与行政的关系。法律制定有一套严格的程序,在我国一般要经过三审,广泛征求意见来体现立法的民主性、科学性、依法性。坚持税收法定原则意味着政府依法对纳税人征税,是人民选出代表制定法律的,当然代表着人民的意志和利益,人民也就不能反对税收法律,政府征税的正当性就有了。从这个意义上讲,税收法定一方面是约束国家征税权,另一方面保证征税活动的正当性。

3.税收法定与国家治理现代化

税制改革有没有一个标准?有没有一个目标?必有。那就是国家治理现代化,强调良法善治。税制改革如何改?现行的税收制度和税法是不是良法?是不是纳税人拥护的?能不能够实现善治?以前有一种观点认为立法阻碍改革。2014年党的十八届四中全会《中共中央关于全面推进依法治国若干重大问题的决定》明确提出,改革要在法治框架下进行，重大改革要于法有据。如果改革没有法治框架，就像一艘船在大海里航行没有方向盘，可能打转或倒退。但如果有法治、良法、善治，则尽管这个船左右摇摆，但它一直会向前行。所以，坚持税收法定原则，从形式上来讲，要实现税收制度的法制化；从实质上来讲，税收制度要体现公平正义和良法善治。这些是依法治国的重要组成部分。纳税人、征税人、用税人如何三位一体？现在我国每年4月都是税收宣传月，但要好好评估宣传效果。税收宣传月只是宣传税收的"收"，不宣传税收的"支"，如何更好地得到纳税人的认可？这些问题需要反思。坚持税收法定原则也有助于推进分配公平和共同富裕。像2018年《个人所得税法》第7次修改，旨在降低纳税人税负，但不是使所有人税负都降低，一部分人的税负甚至是提高的。以前的分类所得税下，工薪收入的最高边际税率为45%，而工薪所得达到80万元的纳税人很少，难以很好地体现收入调节作用。2018年个人所得税修改，将工薪所得、劳务所得、稿酬所得合并，收入达到80万元、适用45%税率的人就多了。这体现了分配公平原则——收入多者多纳税，收入少者少纳税，无收入者不纳税。

二、税收法定原则的基本内涵

（一）税收法定原则的三个具体原则

税收法定原则的三个具体原则为税收要素法定、税收要素确定、征税程序合法。

一是税收要素法定。税收的基本要素有纳税人、征税对象、税率、计税依据、税收优惠、税收征收程序等。不管是增值税、个人所得税还是其他税，都涉及纳税人、征税对象、税率、计税依据等。纳税人是解决对什么人征税的问题，征税对象是解决对什么东西征税的问题，税率是解决征多少税的问题，计税依据是对征税对象的具体化，有困难应不应该照顾？涉及税收优惠的问题，不纳税怎么处理？涉及税收征收程序。尽管我国现有18个税，其中已有12部法律，其他几部是行政法规，但这些法律的共通问题是要素法律，这个法是狭义而非广义，要不要征税看是否符合税收的要素法定。很多例子可以说明。在美国，一位老大娘养了一只猴子，猴子可帮忙插秧、除草、收割等。有一天，税务官员发现猴子与众不同，认为它是自食其力的劳动者，要求老大娘代猴子纳税。问题来了，法律有没有规定猴子能不能成为纳税主体？老大娘将税务局告到联邦税务法院，起诉理由是，税务官员只看到猴子办好事，没有看到猴子办坏事；更重要的是，美国税法典未规定猴子是纳税主体，这是不能征税的。最后她诉讼获胜。在美国，能将税法典研究透彻的人会得到一份高薪工作，因为税务律师的专业性太强，比普通律师收入高几倍。美国人引以为自豪的一个是美国宪法，一个是美国税法典或国内收入法典。美国税法典有六七百万字，中国税务出版社翻译过美国税法典的大部分近500万字，相当于生活百科全书。相较而言，我国税法很简单，2018年《个人所得税法》修改前才1000多字，现在也不过3000多字。

二是税收要素确定。税收法定原则强调要素法定，还要素确定。

税收法定的规定要明晰，尽量避免漏洞、歧义，要规定得非常清楚，而不是模棱两可。

三是征税程序合法。税务机关、征税机关要严格按照法定程序和权限征税。

（二）把握税收法定原则的四个问题

把握税收法定原则的四个问题，即税收法定原则之"法"，税收法定原则之"税"，税收法定原则与税收公平、效率等其他基本原则的关系，税收法定原则与税收授权立法的关系。

1. 税收法定原则之"法"

这个法不是广义而是狭义的法，即立法机关通过法定程序制定的法律文件。为什么强调是法律而非行政法规？因为立法机关是民意代表机关，且法律制定过程规范，需要经过起草、一次审议、二次审议等程序，且审议内容通常公开征求意见，法律的规范、公开、透明和民意基础是行政法规所不具备的，更能体现政府征税活动的正当性。强调税收法定的"法"是狭义还有现实考量。税收最主要的功能是组织收入，其次是分配功能，最后是调控功能。但过去过分强调税收税法的宏观调控功能，虽然税收税法具有宏观调控功能，但宏观调控是属于政府的调控。当下，中央对税收税法的定位很清楚，党的十八届三中全会对财政有明确定义，它有政治功能、社会功能、经济功能，宏观调控只是整个经济功能的一个方面。因此，要全面理性客观地看待税收税法，让税收税法在国家治理体系和治理能力现代化中发挥应有作用，而不能过分强调宏观调控，因为制定法律的主体不是政府机关而是立法机关，需要让宏观调控在法制框架下进行。

2.税收法定原则之"税"

税收法定原则中的"税"并非所有基本要素都由法律规定，不排除税收单行法律可确定合理税率幅度，同时授权国务院或地方在幅度内确定和调整具体适用税率。《环境保护税法》第六条规定，"应税大气污染物和水污染物的具体适用税额的确定和调整，应由省、自治区、直辖市人民政府统筹考虑本地区环境承载能力、污染物排放现状和经济社会生态发展目标要求，在本法所附《环境保护税税目税额表》规定的税额幅度内提出，报同级人民代表大会常务委员会决定，并报全国人民代表大会常务委员会和国务院备案"。此前有观点认为，尽管税法规定地方或国务院可在全国人大及其常委会规定幅度内确定适用税率，但地方适用税率主要是由地方政府确定，且由于税法问题的专业性，税法专业人才主要集中在财政税务部门。个人认为，税收法定原则的确涉及纵横权力分配。就横向关系而言，在确定税收基本要素时强调立法机关对行政机关的监督是必要的，可由地方政府提方案、地方人大常委会做决定，或由人大牵头、政府参加，两者在根本利益上是一致的。至于税法专业人才，无论现在还是未来，不仅局限在政府部门，研究机构、大学及其他社会机构中也很多，都可以在立法中发挥积极作用。

3.税收法定原则与其他原则之间的关系

税收法定原则又称为"帝王原则"，是统领税法体系的首要原则，但不是唯一的税法原则。该法则与税收的公平、效率、量能课税等原则共同构成税收法制的基本框架。要明确税收法定原则与税收公平原则、税收效率原则的关系。第一，税收公平原则、税收效率原则通常被视为独立于税收法定原则之外，并非其包含或推衍出的下位原则，各原则有机结合才能解决形式法定与实质法定的关系。第二，从文义看，税收法定原则仅指税收应法定，而税收的公平原则、效率原则明显含有税收的公平等价值。所以，认定税收法定原则与其他原则并列的观点更合理。此外，以前是行政机关制定规则，现在是立法机关制定规则。政府制定规则时制定或增收很随意，税收法定原则要求由立法机关制定规则，政府部门来执行。所以，税收法定和形式法定限制了行政机关的权力，行政机关不能滥用权力。立法机关滥用权力怎么办？美国国会背后就有很多利益集团游说。从俄乌冲突也可看出，美国一直在拱火浇油，因为卖武器可使军工企业受益。就像当年美国打伊拉克就是看中了石油资源，那时石油集团游说国会制定相应规则。因此，也要限制立法机关滥用权力，强调公平，强调量能课税。

4.税收法定原则与税收授权立法的关系

落实税收法定原则并不意味着绝对否定税收授权立法，税收授权立法也不会天然等同削弱税收法定，而恰恰是要以承认税收法定为前提。尽管现在批评行政立法和授权立法，但批评授权立法主要在于人大过去给国务院的授权缺乏监督和限制。应在贯彻落实税收法定原则前提下，坚持税收法律在税法体系中的主体和主导地位，审慎严格规范地进行税收授权立法，明确授权的监督、期限和范围，并加强授权效果评估。所以，授权应有限制、条件和监督。以前授权后没有监督和评估，必然会影响授权效果。如，2021年全国人大常委会作出《关于部分地区实行房地产税改革试点授权决定》的授权期限是5年，授权期限不是全国人大常委会作出决定之日算起，而是从试点之日起。

但也应注意，授权分为两种类型：一是整体法律的授权，即将某一部法律授权给政府；二是法条授权，将法律相关内容、权力授权给政府机关。对于法条授权要提防法律被架空。2018年《个人所得税法》修改前规定，"经国务院财政部门确定征税的其他所得，应纳个人所得税"，此处的"其他所得"是不确定的，由于本次修改强调确定法定要素，这一规定被改变。《企业所得税法》第二十条规定，"本章规定的收入、扣除的具体范围、标准和资产的税务处理的具体办法，由国务院财政部门、税务主管部门规定。"在实践中应提防这一授权架空法律的做法。立法机关在制定税收条款时将某些特定立法权授予有关机关，有损税收法律本身的稳定性。

三、落实税收法定原则的成就与不足

（一）落实税收法定原则的成就

1. 制定多部税收法律

改革开放初期，我国已开始运用法律吸引外资，引进国外先进技术。1980年制定《个人所得税法》，1980年、1981年分别颁布《中外合资经营企业所得税法》和《外国企业所得税法》（后被《外商投资企业和外国企业所得税法》取代）。这三部法律为改革开放取得的重大成就奠定基础。1992年颁布《税收征收管理法》，2007年颁布《企业所得税法》，2011年颁布《车船税法》。截至2013年，我国已有四部实体税法加一部程序税法。

2.建构较为完整的税制和税收规范体系

1984年，全国人大常委会授权国务院制定工商税制改革执行暂行条例；1985年，全国人大授权国务院在经济体制改革和对外开放方面可制定暂行规定或条例，明确了国务院1983年和1984年"利改税"的正当性。全国人大根据"1984年全国人大常委会授权决定""1985年全国人大授权决定"，在短时间内颁布一系列税种暂行条例，形成了适应社会主义市场经济的税制框架。看待税收法定原则的这一成就既需要历史的眼光，也需要发展的眼光。从历史的角度看，当时的做法具有一定历史必然性，因为短时间内推出一系列法律的条件不成熟，不能因为现在看来一些不合理、不科学的做法而否定当时。以发展的眼光看，当时的做法也存在一定问题，需要后续改革完善。需强调的是，2009年全国人大常委会收回了1984年授权决定，这是由于1985年全国人大关于对外开放和经济体制改革的授权决定包含了1984年全国人大常委会关于税制改革的授权决定，且1985年全国人大的授权决定至今仍有效。

3.党的十八届三中全会以来税收法制的新进展

2013年中央提出落实税收法定原则后通过了多部单行税种法律。2016年通过《环境保护税法》，2017年通过《烟叶税法》《船舶吨税法》，2018年通过《车辆购置税法》《耕地占用税法》，2019年通过《资源税法》，2020年通过《城市维护建设税法》《契税法》，2021年通过《印花税法》以及十三届全国人大常委会第三十一次会议于2021年10月作出关于授权国务院在部分地区开展房地产税改革试点工作的决定。在短时间出台多部单行税种法律，对《个人所得税法》进行修改，这一成就是前所未有的。

（二）落实税收法定原则的不足

1.税收法律供给不足

尽管我国制定了12部税种法，另有一部《税收征收管理法》，约65部行政法规和规范性文件、约3877部部委规章及规范性文件，但实践中，真正发挥作用的仍是税收规范性文件。这是全国人大及其常委会对国务院的两次授权立法之下所形成的税收立法行政化体制的必然结果。在长期的税收立法行政化体制下，我国出现了部分影响较坏的事件。如，2007年5月30日凌晨，财政部、国税总局联合发布《关于调整证券（股票）交易印花税税率的通知》，上调证券（股票）交易印花税税率为3‰；2014—2015年，成品油消费税率三次提升，极大影响了政府的诚信与威望。国家法治进步的背后往往是由一些重大事件推动的。正是由于2007年"半夜鸡叫"及2015年成品油消费税率三次提升等事件，促成了2015年对《立法法》的修改，对税收法定原则进行细化，明确了税种的开征、税率的确定及税收征收管理等基本制度依照法律实施。当前，一些关键税种还未实现法制化，如增值税、消费税、房地产税、关税等。尽管已有12部税法，但涉及的税种除个人所得税、企业所得税外，其余都是小税种。因此，在两次重大事件后，社会一再呼吁全国人大及其常委会收回设税权。

2.税收法律的可执行性不够强

首先是引发大量部门"批复"和"决定"存在，可能有违法律本意。尽管说部门的"批复"和"决定"能填补税法不完善带来的实践漏洞，税法的解释原本是为了正确适用税收法律所作的具体说明，但在实践中，部门"批复"或"决定"取代被解释对象成为实际上直接发挥效力的依据，甚至突破了税法的文义，相当于变相立法，这种下位法改变上位法的做法不符合法治要求，是由"批复"和"决定"引起的法制破坏。其次是出现变相"立法"问题，法律的权威性、纳税人权益都受到损失。如，《关于非营利组织企业所得税免税收入问题的通知》（财税〔2009〕122号）和《关于非营利组织免税资格认定管理有关问题的通知》（财税〔2009〕123号）规定的基金会能够享受的免税范围比《企业所得税法》及其实施条例规定的免税范围更小。

3.税收法律的执行状况不佳

现实中，税法的一些规定被打折扣、搞变通。一些地方政府自行设定税收优惠或降低法定税率，以进行"低税竞争"。我国中央税的税收减免权集中在国务院，地方税的税收减免权主要集中在省级政府，但一些地区为了招商引资而变相给予税收减免。如霍尔果斯"避税天堂"现象，以及影视明星和网红的课税问题，都是由于地方政府的招商引资造成的，对依法治税造成侵蚀。

四、税收法定原则的实现路径

党的十八届三中全会《决定》提出,"到二〇二〇年,在重要领域和关键环节改革上取得决定性成果,完成本决定提出的改革任务"。党的十八届四中全会提出,"建设中国特色社会主义法治体系,必须坚持立法先行,发挥立法的引领和推动作用,实行立法与改革决策相衔接,做到重大改革于法有据、立法要主动适应改革和经济社会发展的需要"。从此意义上讲,要实现税收法定原则就要解决从无法到有法、从有法到良法、从良法到善治的路径问题。如何从无法到有法,并不是税收领域没有法律,而是税收领域的某些方面没有法律。如何解决税收某些领域没有法律的问题,可以依据以下路径。

(一)不再出台新的税收条例

对于拟开征的新税种,应根据相关工作的进展情况,同步起草相关法律草案,并适时提请全国人大常委会审议,而不能由国务院来制定相关条例。如,2016年通过的《环境保护税法》是由全国人大直接组织立法的,而没有环境保护税条例。另外,近两年被频繁提到的遗产税,按照落实税收法定原则路径讲,不能在未颁布法律的情况下由地方出台新的税收条例。对于当前引人注目的房地产税问题,全国人大常委会只能授权地方在部分地区开展试点工作,而不应出现新的税收条例。

（二）有计划地将现行税收条例修改上升为法律并废止相应条例

此方法在当前被广泛应用。如前文提及的2016—2021年出台的多部单行税法，就是在不增加税负的前提下，直接将税收条例修改上升为税收法律。

（三）明确全国人大及其常委会作为税收立法主体的主导地位

1985年的授权决定至今仍有效，只有当所有单行税种都上升为法律后，1985年授权决定才能被废止。因此，税收法定原则的实现路径要分清轻重缓急，从无法到有法，从有法到良法，从良法到善治，需明确现存的单行税收条例处理方法、1985年授权决定的废止时间等一系列问题。

五、落实税收法定原则的两点建议

（一）提高立法质量

落实税收法定原则应提高立法质量，要有"管用的良法"。并非所有的法都能治国，也不是所有的法都能治好国，治国要有良法。区别于二十年前无法可依的情况，当前更应注重提高立法质量。党中央多次强调，当前人民关注的不是有无法问题，而是法律是否管用。所以，落实税收法定原则，一方面应按照"税收要素确定"要求，增强税法的可执行性。坚持科学立法、民主立法、依法立法，通过公布法律草案、座谈、听证等方式，发挥专家学者积极作用，推进人民代表大会制度与时俱进。张德江委员长在2014年全国人大常委会工作报告中提出，"制定的法律能具体就尽量具体，能明确就尽量明确，努力使制定和修改的法律立得住、行得通、切实管用"。提高立法质量、制定"管用的良法"是对当今立法尤其是税收立法的重要要求。另一方面，提高税法内容的实质正当性，更多地回应民众诉求，在不同利益群体中达成平衡和协调。改革开放的伟大成就之一是社会财富总量和千家万户财富的增加。十多年前，因个人或家庭财产较少，很少有人关心房地产税法、个人所得税法，但随着个人财富财产增长、房产增多，税收与每个人变得息息相关，人们产生了"税收焦虑"——随着社会财富的增加，国家出台任何税收政策都会引起社会高度关注。税收焦虑有消极的一面，更有积极的方面。因为税收焦虑的人关心怎么推动社会进步、推进依法治国和税收法定的落实，对整个文化和制度建设有益。当下，提高立法质量还有很大的空间，应向良法善治方向迈出更大步伐。

（二）全面落实税收法定原则，从税之良法到国之善治

十年前，政府很少提及税收法律，现在中央强调法治国家建设的科学立法、严格执法、公正司法、全民守法的全过程全覆盖。尽管民间和学界讨论税收法定原则有30多年，但从学界走向决策层以及到社会的普及还是近十年的事。落实税收法定原则需要真正实现市场主体法无禁止即可为、政府法无授权不可为。关键在于强化法律监督，有

法可依、有法必依、违法必究，完善对税收执法的监督和问责机制；重视税收司法，税收司法不发达导致纳税人权利不能得到有效保护（而传统思维是过分追求税务零纠纷），党的十八大提出法治思维、法治方式、法治能力，要通过税务诉讼等法治方式来解决纠纷，即行政机关不要怕跟纳税人打官司，每诉讼一个案件就会教育一批纳税人奉公守法，每一次案件又会使行政机关改进执法方式和态度，为国家治理现代化贡献力量。

保护纳税人权益，还要完善税收司法保障制度。《税收征收管理法》第八十八条规定，"纳税人、扣缴义务人、纳税担保人同税务机关在纳税上发生争议时，必须先依照税务机关的纳税决定缴纳或解缴税款及滞纳金或提供相应担保，然后依法申请行政复议；对行政复议决定不服的，可以依法向人民法院起诉。"这一条款被称为"两个前置"，剥夺了纳税人的救济权。如，当纳税人因某一纳税事项跟税务机关发生争议，税务机关认为纳税人应缴税100万元，纳税人认为应缴纳10万元，但按照第八十八条的规定，纳税人应先按100万元缴纳，但若纳税人财产只有10万元或20万元而不足100万元，这个救济权无法行使。社会学界呼吁对不合理制度进行改革，复议诉讼不交、交一部分或诉讼提供担保都是进步。保护纳税人权利，没有司法保障健全的机制也不行。2015年中央全面深化改革领导小组通过《深化国税、地税征管体制改革方案》提出，要加强涉税案件审判队伍的专业化建设，建立税务合议厅。但现在的税务案件相对较少，这跟第八十八条有很大关系，当务之急是修改第八十八条。

（三）小结

综上，落实税收法定原则，要提高立法质量和保证纳税人权利。税收法定原则的更高层次要求，税收立法必须受到宪法精神的约束，特别是要受平等原则的约束，以成为良法善治。落实税收法定原则有三个阶段：一是税收收入法定，二是税收使用法定，三是财政法定。推进国家治理现代化仅实现税收法定是不够的，还需财政法定，如非税收入的法定。我国现在非税收入十分庞大，2015年政府全部收费收入十五六万亿元。要实现税收法定的一个理想是收入支出管理的法定，做到收入合理合法，支出公开公平公正，管理有规有序有责。总而言之，法律是治国之重器，良法是善治之前提，财政是国家治理的基础和重要支柱，科学的财税体制是优化资源配置、维护市场统一、促进社会公平、实现国家长治久安的制度保障。前一句由党的十八届四中全会提出，后一句由党的十八届三中全会提出，这是对整个财政的目标要求。落实税收法定原则还有漫长的路要走，全体国人要共同努力，建立一个美好、富裕、文明、法治的国家。

互动环节

◎ 提问一：

全国人民的个人工薪税的税负都是一样的吗？

◎ 回答：

每个人收入不一样，税负肯定不完全一样。从法定税负来说，因为个人所得税坚持收入多者多征税，收入少者少征税，没有收入不征税，收入水平不一样，税负肯定是不一样。如果收入是一样的，税负应也是一样的。

◎ 提问二：

全国人大常委会对地方债务的授权与税收法定有关系吗？

◎ 回答：

地方债务问题与税收法定没有直接关系，但有间接关系。因为国家对地方债有严格要求，特别是2014年修改的《预算法》规定，在地方仅限省级政府能发债，地方要有偿还计划和稳定的偿还资金来源，中央批准后地方才能实行。因为发债主要靠税收还债，从这个意义上讲，地方债务授权与税收法定有关系。

◎ 提问三：

如何协调落实税收法定原则与税收及时适应社会经济变化的需要？

◎ 回答：

一部分政府人员认为，税收法定会影响政府适应社会经济变化而调整，所以不大支持税收法定原则。其实二者并不矛盾。税法应适应社会发展需要而随时调整。全国人大常委会会议一般每两个月召开一次，如果有特别情况还可以提前召开。税收法定原则不仅具有推进民主法治、保护纳税人权利的功能，还有助于凝聚和提升人民对税收的遵从度，增强政府的公信力，化解潜在社会矛盾，成为国家治理现代化和依法治国战略的关键举措。

◎ 提问四：

请谈谈近三年房地产税立法的进程走向。

◎ 回答：

实际上，房地产税立法起草任务是完整的，现在的问题是什么时候、以什么方式提交全国人大常委会审议，这是一个时机把握问题。目前经济形势不是很好，国家对于房地产税法何时出台持谨慎态度，这也是负责任的态度。

◎ 提问五：

当前财政紧平衡背景下，落实税收法定原则是否会遇到更大挑战？

◎ 回答：

财政越紧张越需要落实税收法定原则。在财政紧张情况下实现财政平衡，法定就很重要。财政平衡预算和预算法定是有关联的，即财政法定的问题。这既是挑战，也是机遇。

◎ 提问六：

主体税种与立法秩序有没有关联？税收立法顺序主要考虑什么因素？

◎ 回答：

主体税种整个立法秩序的关联性不是很强。但一般来讲，主体税种相对比较复杂。我国增值税改革从"营改增"到现在的增值税，中间有很多问题需要去探讨，但跟立法的秩序没有关系。立法的顺序需要考虑立法草案的成熟度等。

◎ 提问七：

税收法定要求实现财政法定，而财政法定中的非税收入法定这个点可不可以展开谈谈？

◎ 回答：

财政法定包括税收法定和非税收入法定。当下我国非税收入的问题可能有：一是非税收入领域几乎没有法律，但非税收入包括很多方面，不是说一部法律可以解决，可以通过多部法律解决。应加快制定与完善《行政事业收费法》《政府基金法》《国有自然资源法》《公营企业法》等非税收入基础性法律。二是非税收入征收的法定也很重要，因为现在对于非税收入征收还缺乏遵从的法律，程序法定应通过制定

《非税收入征管法》予以规定。

◎ 提问八：

当下已完成税务机关征收社会保险费的改革，如何实现税务机关征收社会保险费的法定？

◎ 回答：

社会保险费法定肯定要制定相应法律，要有《社会保险法》《社会保险费法》，也涉及征收程序等要素的法定化。现实中的财政补贴越来越多，财政补贴有没有限度？如何去确定限度？财政补贴作为政府调控的一种手段肯定有度，但这个度怎么把握，可能需要政府结合实际需要考虑公平。

◎ 提问九：

如何在未来的立法工作中关注和体现零工经济相关的税收立法？

◎ 回答：

《税收征收管理法》正在修改，希望未来能对零工问题有相应规定。如果在《税收征收管理法》中的一个条款或实施细则里对零工经济有相应规定是比较好的。

◎ 提问十：

怎么看待目前增值税、消费税等大税种依然是暂行条例现象？是否与税种本身复杂性有关？

◎ 回答：

目前的税法体系中有12个税种立法，并不都是小税种，如个人所得税和企业所得税，个人所得税和企业所得税是第三大税、第四大税。增值税、消费税在税收收入里占很大比例，特别是增值税。按照国务院今年的立法规划，增值税和消费税准备提请全国人大常委会审议，这个领域的立法工作正在进行，且《增值税法》《消费税法》草案在一两年前征求过专家学者意见，二者出台时间应该不会太远。

◎ 提问十一：

《关税法》正在制定，由于关税税率特别是暂定关税税率变化频繁，《关税法》是否会授权国务院调整关税税率？

◎ 回答：

《关税法》立法很复杂。几年前，美国前总统特朗普用关税手段与中国进行关税战、贸易战，把世界弄得"天昏地暗"，现在美国对中国出口到美国商品的惩罚性关税有些还未取消。未来的《关税法》是否授权国务院调整关税率是个大问题。政府希望能授权国务院随时调整，但专家学者认为授权应有限制和前提。关税立法也是今年国务院立法规划准备提交给全国人大会审议的。《关税法》《增值税法》《消费税法》等立法规划均已进入快车道。

◎ 提问十二：

将原有条例上升为法律，是否意味着房地产税立法先行原则中关于法的定义指狭义法律概念？

◎ 回答：

房地产税是个新税种，肯定要立法先行，房地产税可能会将房产税、土地增值税、土地使用税合并。在社会各界对房地产税关注度很高的情况下，中央会更谨慎从法治角度和落实税收法定原则角度考虑立法先行，即便试行授权也是有依据的，这跟过去授权没有期限不一样，去年的授权决定明确了5年期限，5年后是否授权要结合实际。

◎ 提问十三：

可否具体解释一下非税收入征管的上位法？

◎ 回答：

非税收入征管上位法有两种选择：一是用现行税收征管法进行非税收入征管，二是制定专门的《非税收入征管法》。非税收入项目包括行政事业收费、政府性基金、彩票公益金等，可以制定综合的《非税收入征管法》或《非税收入法》，也可分别制定《行政事业收费法》《政府性基金法》等。

林慕华

暨南大学公共管理学院、应急管理学院教授,MPA教育中心执行主任,管理学博士,硕士生导师。主要研究领域为公共预算、人大制度、公民参与、国家治理。主持社会主义民主与地方人大预算监督、特大城市基层社会治理的机制与创新路径研究、改革和完善县级人大全口径预算监督研究、农村公共产品与公共服务的供应与生产——从公共治理的视角、地方人大预算监督能力建构的实证研究、对政府全口径预算决算的审查和监督研究等国家及省部级研究项目,在《中国社会科学》《政治学研究》《中国行政管理》等期刊发表论文40余篇。

第八讲 新时代中国地方人大预算监督：创新与挑战*

内容提要

改革开放以来，人大预算监督作为人大及其常委会的一项常规工作，受到各方关注。报告以广州市人大及其常委会预算审查监督工作情况为研究背景，梳理了人大预算监督的兴起、创新、特点及挑战。报告从人大预算监督立法体系建立、组织建设完善、审查运作水平三个方面阐述了人大审查监督框架的确立，指出了新时代人大预算审查监督完善人大预算监督的制度体系、强化人大预算监督的能力建设和建立预算智库外脑等创新做法，提升了人大监督效能。通过对广州市自2001年以来人大预算审查监督制度的改革创新实践成果及经验进行全面总结，发现其在预算审查、机构协同和技术运用方面的特点，展现了制度系统性建构的演化逻辑与动力机制，探讨了新时代人大预算审查监督在预算审查监督细节完善，计划、政策和预算整合，预算约束和绩效平衡，技术赋能与权力建构等方面遇到的挑战。

---

* 这是林慕华教授2022年10月23日在国家预算治理大讲堂的演讲稿，根据录音整理，并经本人审阅。

一、故事的起点：人大预算监督的兴起

2011年进行的一项对地方人大预算监督的调查发现，经过十多年改革，人大预算监督的基本制度框架已经建立起来，人大及其常委会能够获得更全面更详细的预算信息，人大常委会与政府间的预算沟通协商机制开始建立，人大预算监督开始逐步从形式监督向实质性监督转变。很多国内外的研究不断地谈到中国的地方人大，在整个地方的政治权力格局中扮演的角色，它们是一种嵌入性的角色，还是一种挑战性的角色，或是竞争性的角色，或是跟跑的角色。在不同的模式下，都可以看到人大在预算监督中实质性的发展，通过人大的努力，一个初步的人大预算审查监督的框架得以确立。

（一）建立人大预算监督立法体系

1994年《预算法》通过之后，吉林省人大常委会于1996年5月30日率先通过《吉林市预算审批监督条例》，拉开了地方人大制定预算监督法规的序幕。据统计，到2014年8月31日《预算法》修订通过之前，80个拥有立法权的地方人大中，共有63个制定了预算审查监督的地方性法规或规范性文件（见图1）。

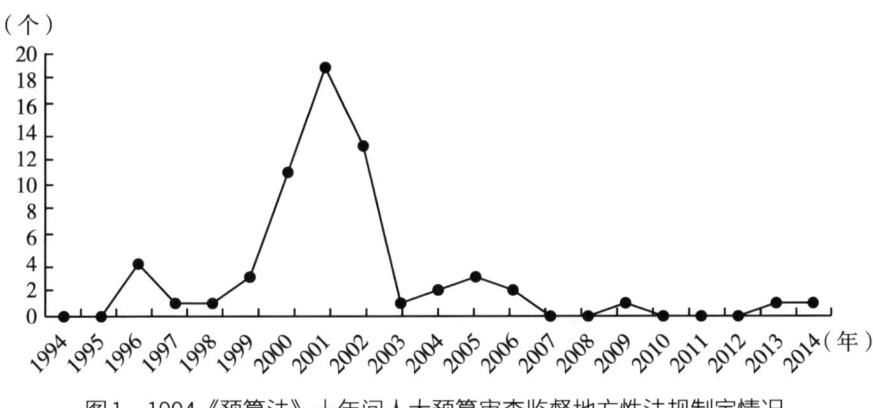

图1　1994《预算法》十年间人大预算审查监督地方性法规制定情况

（二）完善人大预算监督组织建设

作为一项专业性、复杂性程度非常高的工作，人大要加强预算审查监督，势必需要有组织建设和人员配备。在这一时期，地方人大基本上采取了5种不同的组织模式。

（1）工作委员会或工作机构。即常委会下设财政经济工作委员会、预算工作委员会、预算监督科（室），负责预算监督工作。

（2）专门委员会。即常委会下设财政经济委员会负责预算监督工作。深圳市设立了计划预算委员会。

（3）专门委员会加临时的预算审查委员会。即常委会下设一个专门委员会，通常是财政经济委员会，负责预算监督工作。在人代会期间，设立预算审查委员会来履行程序性职能。

（4）由工作委员会协助的专门委员会。即常委会下设一个专门委员会，通常是财政经济委员会负责预算监督工作，成立预算监督工作委员会提供业务协助。

（5）由工作委员会协助的专门委员会再加预算审查委员会。即除了在人代会期间设立预算审查委员会来进行预算监督，基本与上述相同。

（三）人大预算审查监督的运作

按照2011年全国范围内的问卷调查结果，可以将省市两级有立法权的人大预算审查监督的水平分为五个阶段去评价，提前介入阶段、初步审查阶段、人代会审批阶段、预算执行阶段、决算与审计阶段。根据五值量表可以看到提前介入阶段的监督水平分数是最高的，达到了3.55，人代会审批阶段和决算与审计阶段是偏低的，刚刚超过2分。提前介入阶段为什么在当时效果比较好？这是因为在预算草案编制过程中，很多的安排当时还没有完全定下来，所以在这个时点，人大常委会组织人大代表和专家提前介入进行预算审查，可以把相关的意见带给相应的政府部门，一定程度上提高了预算编制的民主化和科学化。

有几个例子可以体现人代会审批阶段对预算审查监督的刚性。比如，1999年3月，深圳市二届人大否决了五洲宾馆扩建等几个市政府投资项目；2001年10月，湖南芷江县人大常委会否决了《关于2000年财政预算调整的报告》；2002年1月，湖南沅陵县十三届人大否决了《2001年财政预算执行情况和2002年财政预算草案报告》。但这些相对来讲是偶然性更大的事件。

二、故事的发展：人大预算监督的创新

党的十八大以来，党中央将加强人大预算监督职能作为坚持和完善人民代表大会制度的重要抓手，作为完善国家监督体系的重要内容，进而作为推进国家治理体系和治理能力现代化的重要内容。总体上看，中国继续完善在上一阶段形成的主要依托各级人大常委会开展预算监督的监督模式，但大幅拓展了人大预算监督的范围，更加重视发挥人大代表作用，创新监督方式和监督机制，提升了人大预算监督的效能。由于这些改革，人大预算监督嵌入国家治理的范围更加广泛，深度也得到加强，对于政府及其各个部门的约束也比以前更强，影响也比以前要大。

（一）完善人大预算监督的制度体系
1.中央顶层设计

新时代中央连续出台了一系列高规格的文件，从六个方面不断推出和完善人大预算审查监督的规定。

一是完善审计监督的制度安排，发挥审计监督的作用。这在很大程度上可以弥补人大预算监督中专业力量不足的短板。2015年12月中共中央办公厅和国务院办公厅出台《关于完善审计制度若干重大问题的框架意见》，规定："各级人大常委会要把督促审计查出突出问题整改工作与审查监督政府、部门预算决算工作结合起来，建立听取和审

议审计查出突出问题整改情况报告机制。"第二年，中共中央再次转发《全国人大常委会党组关于改进审计查出突出问题整改情况向全国人大常委会报告机制的意见》，人大常委会就听取审计查出突出问题整改情况报告作出相应的决议，实现闭环监督。2020年全国人大常委会正式印发《关于进一步加强各级人大常委会对审计查出突出问题整改情况监督的意见》，进一步系统地巩固和推进这项制度。

二是完善了预算审查监督的民主程序。为什么说是民主程序呢？2017年全国人大常委会办公厅发布实施《关于建立预算审查前听取人大代表和社会各界意见建议的机制的意见》。如何在预算审查监督中听取人大代表、专家及社会各界的意见？在相关制度没有出台之前，地方已经进行了不同形式的探索创新。在这种情况下，通过这样一种制度安排，实际上使预算审查的民主程序更加完善更加健全，也因为全国人大常委会出台的这个制度安排，进一步推进了各级地方人大预算审查前听取人大代表及社会各界的意见。

三是落实人大对国有资产监督的制度安排。2017年12月印发的《中共中央关于建立国务院向全国人大常委会报告国有资产管理情况制度的意见》，明确要求国务院向全国人大常委会报告国有资产管理的情况。此后，人大常委会采取国有资产和自然资源管理情况总报告加金融类国有资产管理、非金融经营类国有资产管理、行政事业性国有资产管理、国有自然资源管理等分报告的模式推进这项工作，实现国有资产资源管理监督的全覆盖。

四是明确人大预算审查监督的拓展重点。2018年3月，中共中央办公厅印发《关于人大预算审查监督重点向支出预算和政策拓展的指导意见》，非常具体全面地对预算审查监督的重点加以规定，也使得各级地方人大在开展预算审查监督时更加重点突出，方向明确。

五是健全完善中国特色社会主义预算审查监督制度。2021年修订的《全国人民代表大会常务委员会关于加强中央预算审查监督的决定》，进一步提出了健全完善中国特色社会主义预算审查监督制度，全方位、全过程、全口径加强预算绩效问责，意在强化全国人大常委会对中央预算的审查监督，更好地为党和人民管好政府的钱袋子。这个修订后的决定，一共包含了12条内容、80多项具体的审查监督要点，为更加全面地、系统性地把握人大预算审查监督重点提供了指引。

六是明确人大审查监督政府债务制度。2021年6月，中共中央办公厅印发《关于加强地方人大对政府债务审查监督的意见》，进一步建立健全向人大报告政府债务机制，明确人大审查监督政府债务的程序和方法，深入开展全过程监管，强化违法违规举债的责任追究，实现了从整体上推进地方各级人大预算审查监督。

2. 地方立法发展

2014年《预算法》修订之后，我们持续跟踪了80个有立法权的地方人大预算审查监督法规的立法状态。之前制定的51件预算审查监督的地方性法规，首次制定后法律效力持续时长，最短的是4年，最长的距今已有23年，平均年限为14年，其中有些法规从制定到现在都没有修订，可以看到地方人大的这种差异性是比较明显的。2001—2019年，地方人大及其常委会进行了预算审查监督的地方立法，包括修订原有的法律，或者是废止原有的法律，或者是废旧立新，或者是虽然还没有修订但却纳入了立法计划中，在统计的31个省、自治区、直辖市的预算监督法规的立法时间分布中，有5个省（山东、江苏、福建、江西和海南）人大仍然没有修改，当然它们都已经有相应的立法计划。最早的是海南，2017年就将修订《海南省各级人民代表大会及其常务委员会审查监督预算条例》列入立法计划当中。

（二）强化人大预算监督的能力建设

1.设立预算专门委员会

2015年2月，广州市第十四届人大五次会议决定在市人大常委会设置负责预算审查监督的专门委员会——预算委员会，负责预算和决算、五年规划和年度计划的审查监督。预算委员会由22名人大代表组成，名额平均分配到对应11个区的人大代表团，每个代表团2名代表。预算委员会下设办公室，与已有的预算工委办公室实行"两块牌子、一套人马"，配备6个专业人员编制。四川省人大和吉林省人大也分别于2018年和2019年设立预算委员会。

2.完善人大常委会预算监督工作机构设置，加强人员配备

河北、吉林等省增设了国有资产监督处，青海省增设联网监督处，河北省人大常委会还成立了事业单位性质的计划预算审查事务中心。在现有的行政编制有限或稀缺的情况下，通过事业单位的设置，可以在某种程度上弥补现有人力编制不足的问题，同时又能壮大人大预算审查监督的人力资源。根据全国人大常委会预算工委2018年3月的一

份统计资料显示，31个省（自治区、直辖市）人大常委会预算工作机构的内设处室平均职数为6个，最多的是山东的13个。

3.建立预算智库外脑

近年来，一些地方人大与相关院校合作共同建立预算监督研究基地，以进一步提升预算监督的理论研究能力，打造地方人大的思想库、智囊团。2019年1月，四川省人大预算委员会与西南财经大学签署战略合作框架协议，联合成立地方人大预算审查监督研究中心；同年9月，北京市人大常委会与中央财经大学、首都经济贸易大学签署合作框架协议，共同建立北京市人大预算监督研究基地；2020年1月，云南省人大常委会预算工作委员会与云南财经大学签署合作协议成立预算审查监督研究中心；同年5月，山东省人大常委会与山东大学共建人大预算监督研究中心；2022年10月，襄阳市人大常委会与襄阳职业技术学院共建襄阳人大预算监督研究中心。

通过这种组织建构，可以整体性地提升预算监督的理论研究水平，而且更有计划性地推进预算监督的理论研究工作。相比于仅靠专家个体参与到预算审查监督中以及通过每一次参与会议提出专家个人意见，前者的重点更多的是听取专家的意见，而基地的建立更多的是加强预算监督的理论建设。还有一些地方虽然没有建立研究基地，但是通过设计年度预算监督研究课题的形式，推进预算监督的理论研究。比如广东省人大通过与广东省社科联的合作设立专项研究项目，由社科联组织相关项目的招投标，由专家进行项目设计和论证，并承担相应的课题研究；广州市人大也采取了项目立项的方式。

4. 全面推进预算联网监督系统建设

2017年7月全国人大财经委、全国人大常委会预算工委、财政部在广州联合召开会议，部署推进地方人大预算联网监督工作，以期加强人大对政府全口径预算审查监督。2021年4月，《国务院关于进一步深化预算管理制度改革的意见》再次强调"推进人大预算联网监督工作"。2021年1月1日，四川省人大《人大预算联网审查监督数据信息提供规范》的6项地方标准正式实施。同年5月，陕西省人大常委会发布《人大预算和国有资产联网监督系统建设与运行规范》。可以看出，从全国人大到各省、市、县包括一些乡镇都在实行纵向贯通，但在推进预算联网监督系统建设的过程中，监督工作的理念、价值导向不同，或审查重点不同，预算改革的进度不同，都会影响到预算联网监督系统的建设以及它的实际应用。

在这种情况下，四川省和陕西省致力于标准化和规范化制度的建设，试图在省以下各级人大预算联网监督的推进中解决一些具体的共性的问题，包括预决算、社会保险基金、税务、国有资产、审计监督和人大纵向监督，明确省市县三级地方政府向同级人大报送预算联网监督的数据信息的范围、内容要素、报送频率以及时间节点要求等，进一步地从系统的框架、功能要求、数据采集、存储管理、审查监督和服务保障、问题处理和反馈、信息安全等方面进行了明确和规范。通过标准和规范的制定，能够以较短的时间解决省市县三级人大常委会在推进预算联网监督系统建设及应用过程中存在的数据采集范围不统一、数据获取不及时、指标设计不全面、流程管理不规范、兼容性较差的一系列问题，从而使得技术赋能优势得以尽快实现。

(三) 人大预算监督的主要进展

1.全覆盖拓展人大监督的范围

以往人大预算监督涉及较少的领域，比如国有资产监督管理、地方政府债务以及财政专户资金的管理和监督等，纳入人大预算审查监督的范围，最大程度上做到了全覆盖。

2.建立政策导向的人大预算监督

政策决定资金的使用方向，政策和预算整合起来才能发挥钱的作用。建立政策导向的人大预算监督，强调人大预算审查监督的重点在于支出预算和政策，同时也要关注整个财政税收政策与国家治理的发展方向是否相吻合。在这个过程中，人大的预算审查监督不仅关注部门分配到了多少资金，这个资金在去年执行得怎么样，下一年要把它安排到哪些具体的项目上，这些项目是否有绩效目标，是否已经有了入库管理，同时也要关注以政策为导向，比如科技政策、教育政策、公共卫生政策、医疗政策等相应政策领域的资金分配和使用能否符合政策的初衷。建立政策导向的人大预算监督，也是这个阶段非常明显的进展。有些地方已经明确，在进行专题审查时以政策为主体，然后围绕预算安排来进行审查和绩效评估。

3.完善人大常委会的预算审查机制

首先表现在如何使人大的专门委员会以及人大常委会的各工作委员会协同行动，参与到预算审查监督工作中。比如山东、上海、广州的人大充分发挥了人大专门委员会和各人大常委会工作委员会的协同合力，参与到预算审查监督之中。在人大的各专门委员会以及人大常委会各工作委员会，实际上都有各自对口的部门，而这些部门相关工作的履行情况、履职绩效实际上与预算执行是分不开的，以预算为抓手，以预决算审查监督工作为着力点，可以进一步与各专门委员会对口监督的部门的职能履行情况有效对接，更有利于审查和监督。

第二个机制是以人民代表为核心，突出了人大代表在预算审查监督中的主体作用。人大预算审查监督离不开人大常委会组织能力的建设，但这种组织能力的建设仍然必须落在人大代表身上。由于人大代表来自不同行业、不同界别、不同群体，通过人大代表参与预算审查监督，不仅可以更好地实现全过程人民民主，而且能够提高预算编制的科学化和民主化。

4.人大预算监督与审计监督的协同推进

如果地方人大能够有效地借助审计监督的力量，地方人大预算审查监督工作可以做得更到位、更有效，更具有针对性、时效性。在中央顶层设计推动下，结合审计体系自身改革，人大预算监督与审计监督的协同力量更加强大，更加往前推进。例如，上海市人大常委会每年把监督的重点内容提前与审计部门沟通，纳入当年的审计监督工作计划，使得人大重点监督的一些部门和项目能够有效地与审计部门的工作重点结合起来。通过大数据审计、绩效审计的推进，也可以越来越全面地为人大的预算审查监督提供更多有效的支持。

三、广州的故事：大背景下的个案研究

具有创新性的改革往往会有昙花一现的忧虑，如何能够使得一项工作和制度得以持续、长期地发展，需要持续不断的跟踪观察。20多年来，广州市人大一直在不断探索和推进政府工作监督，以渐进方式最终实现政府预决算的全口径审查监督。

（一）广州市人大预算审查监督发展历程

我国1999年才开始进行部门预算改革，广州的预算改革一直走在全国前列。2001年起，广州市人大常委会每年专题听取和审议财政专户管理资金和社会保险基金收支情况的报告，在这一年也首次将教育、科技等5个部门的预算草案提交给人代会审议。此后，数量逐年增加，2002年增加到10个。这一年广州市第十一届人大通过了《广州市人民代表大会审查批准监督预算办法》，同年7月人大机关机构改革中，在财经工委内设了预算监督室，编制4人。2003年提交人代会审议的预算草案增加至15个，2014年增至30个。

2005年3月，458名市人大代表对《广州市和市本级2004年预算执行情况和2005年预算的决议草案》进行表决，报告仅获得了68.6%的得票率，相当一部分人大代表对当年预算草案表示不满意，这在各地的人大中非常少见。来自于人大代表的压力对人大预算监督改革提出新要求，促进了预算改革向纵深推进。

2006年，市人大常委会事先组织代表对广州市下属100余个单位进行投票，然后根据得票率确定票数最高的30个单位向人大提交部门预算草案，其中包括了广州市政府办公厅、建委、交委、司法局、人事局、国土房管局、卫生局、市政园林局、市容环卫局、体育局、检察院、公路局、财政等"热点部门""要害部门"。这一举措督促这些部门更加重视预算编制。

2007年起，土地出让金纳入基金预算草案提交代表大会审查。在当年的人代会期间，十几位人大代表联会提交了一份预算草案修正案，建议"广州应该调整2007年预算草案，将涉农支出总水平在2006年支出的基础上提高24%以上"。由于地方财政预算的总额已经固定，而该修正案并没有提出如何压缩其他项目支出，不符合修正案要求，所以被大会主席团否决，不列入会议议程。但这一举动仍可以看出，当时人大代表已经有运用监督权利的意识，要求进一步强化在预算审查中的主体作用。

2008年起，所有的部门预算都要提交代表大会进行审查，并每年选择两个部门预算草案在代表大会期间进行公开专题审议。因为专题审议是公开的，可以通过媒体报道了解一些部门如何分配下一年度财政资金，一些资金的使用也成为老百姓所关注热议的焦点。这些舆论的压力和声音也传导到决策者，助力进一步完善预算资金配置。

2010年进一步将基本建设统筹资金、城市维护建设资金和科技资金列入公共专项支出预算草案，提交代表大会进行审查。在这个阶段，主要是扩大纳入到人大预算审查监督范围中的资金。

2011年《广州市政府投资管理条例》经省人大常委会批准施行。这是广州第一个由专门委员会自主起草制定的地方性法规。虽然立法权是归属于人大及其常委会，但是在现实中很多地方性法规是由政府部门起草的，这就会使地方性法规具有浓厚的部门利益色彩。对于政府投资管理，如果按照传统做法，由发改委或其他政府部门起草法规，很多规定会向着有利于部门管理和部门自身利益的方向倾斜。而由人大专门委员会起草，可以在一定程度上避免部门利益导向，更好地体现政府投资管理的科学性、民主性。根据这个条例规定，政府投资的重大项目计划草案要提交人民代表大会审查批准，并从当年起，每年选择一个政府投资重点项目预算草案，在人代会期间进行公开专题审议。这就使得人大代表和社会各界可以更加关注政府当年有关项目的预算安排。同年，广州市人大首次对预算执行率低的问题组织开展专题询问并进行连续跟踪监督。这种专题询问和连续的跟踪监督有效督促部门加以整改，提高预算执行率。

2012年广州市人大常委会首次专题审议了市教育局、市科技和信息化局、市卫生局、市农业局的部门决算草案，从关注预算审查环节，到预算执行情况，进一步推进到决算环节，逐渐构建起全过程的预算审查监督的闭环管理系统。同年10月，广州市第十四届人民代表大会常务委员会第八次会议决定设立预算工作委员会。[1]广州市预算工作委员会的设立再一次印证，组织能力或组织架构的完善有助于人大预

---

[1] 实际上专门委员会的设立难度要远远低于工作委员会的难度，因为专门委员会的设立就是遴选部分人大代表形成专门委员会，而且相关的地方人大组织法也有法律空间支持预算专门委员会成立，但是预算工作委员会形成的是实实在在的行政编制以及相应的行政级别，需要获取政治支持才能够得以设立。

算审查监督工作的推进。在这一年，广州市人大常委会预算工委首次组织开展广州市2010—2011年财政转移支付资金分配和使用情况的专题调研。运用专题调研的监督手段，对财政转移支付资金及其使用展开深入调查研究。转移支付资金涉及纵向政府间关系，通过专题调研可以进一步改进转移支付资金的管理和运作。同年，广州市人大常委会预算工委还建议广州市财政局向市人大常委会主任会议作专题报告，提出完善财政专户资金管理制度的建议。同年底开始，广州市政府向人大常委会报告地方政府债务及管理情况，广州市政府的债务率、负债率开始向公众公布。

2013年，广州市政府国有资本经营预算开始提交代表大会审查，广州市人大常委会还首次审批地方政府性债务的举借及偿还计划。在广州市人大常委会预算工委的推动下，广州市财政局对六个部门的部分专项资金[①]委托第三方开展绩效评价。第三方绩效评价也是预算改革中非常重要的创新，可以满足绩效评价的独立性、专业性要求，使绩效评价更加深入、客观。同年底，人大常委会听取和审议2012年广州市本级财政支出绩效情况的报告，拓展预算审查监督的范围。可以看出，从2013年开始，广州市人大开始介入到预算绩效监督之中。

2014年2月，广州市人代会通过修订《广州市人民代表大会审查批准监督预算办法》。[②] 同年，社会保险基金预算草案和财政专户管理

---

① 市科技和信息化局中科院广州生物医药与健康研究院成果转化项目资金、市教育局中小学校舍安全工程、市人力资源和社会保障局就业专项资金、市卫生局社区卫生专项资金、市林业和园林局森林生态效益补偿资金、市农业局农业组织化与产业化经营资金等。

② 该办法于2002年通过，实行10多年后，随着国家预算改革以及广州市人大预算审查监督的改革实践发展，需要对规范性文件进行修订，以使相关制度更加符合人大预算审查监督的需要。

资金预算草案也将一并提交代表大会审查。广州市第十四届人大代表大会第四次会议首次增设计划预算工作组，专题审查12个部门预算草案和12个政府投资项目预算草案，每位人大代表都参与审查。这一年的预算草案首次采用"三审"制。地方政府性债务情况每年要向市人大常委会报告。人大常委会对审计报告的审议意见，审计部门要专门将研究处理情况向人大常委会再报告一次，重点是审计问题的整改落实情况。审计查出问题的部门要被邀请列席，若整改得不彻底，人大常委会还会提出询问。

2015年2月，广州市成立了预算委员会。

2017—2018年预算审查监督重点放在了预算草案环节，也就是重预算审查。2017年11月至2018年1月，广州市人大常委会密集安排了一系列的预算草案"三审"活动，而在此之前，当人大会开完批准了预算草案后，进入到预算的执行，以及年终对于上年的一个决算草案的审查、上半年预算执行情况的审查以及审计工作报告的审查，相对而言工作投入和安排比较分散。这是整体性的人大预算审查监督机构内部时间配置上的特点。

2019年1月，广州市人代会第二次修订了《广州市人民代表大会及其常务委员会审查批准监督预算办法》（以下简称《办法》）。这次修订不仅改变了部分条文内容，而且修订了办法的名称，由《广州市人民代表大会预算审查监督办法》改成了《广州市人民代表大会及其常务委员会审查批准监督预算办法》，明确了不仅包括代表大会的职权，也包括常务委员会的职权。

（二）广州市人大预算审查监督的特点

1."三审"严把关，代表广参与

广州实行预算草案和决算草案的"三审"，实现对部门从头监督到尾，实现监督审查的闭环管理。在"三审"当中，首先是早介入、细审查。从11月份开始，广州市人大常委会的预算工委召集财政部门和当年接受专题审查的部门，以及区人大常委会、相关的市人大常委会各工作委员会进行工作布置，安排当年"三审"工作如何开展，进行组织和协调。其次是代表审，部门答。这几年，广州市人大常委会预算工委把每一场审查活动都进行了文字速录，将人大代表和专家在会上提出的意见记录下来，并打印出来与其进行确认，确认无误后将意见整理汇总，提交给被审查的部门。被审查的部门在下次审查前，要将他们对相关意见的处理结果采纳与否，不采纳的理由是什么，进行系统、具体的反馈，并将相关信息同步到预算联网监督系统中，人大代表可以通过自己的账号登录预算联网监督系统，查看意见采纳情况及不采纳的理由等。如果人大代表认为不满意，可以在下次的审查中再次提出意见。这就使得人大代表可以结合自身关注的重点，就某些方面持续追踪、监督，使得预算监督更加民主化，政府预算更加科学化。人大代表和专家围绕部门预算草案和政府投资预算草案共同进行审查，也使得审查的细度和精度越来越高。据统计，2019—2020两年的"三审"，人大代表在前期调研和预先审查两个环节所提的意见建议达2000多条，都得到相应的反馈。

2. 协同各机构，监督合力大

一是完善预算审查流程，充分发挥各专门委员会的对口审查作用。多轮广泛地征求意见，既包括每位人大代表的意见、政府部门的意见，也包括人大常委会各专门委员会的意见。在这一过程中，常委会专门委员会成员对该项工作的程序、规则有了更深刻的理解和认同，理解为什么在预算草案"三审"、决算草案"三审"的相关环节需要专门委员会和工作委员会介入。他们如有不同意见，在征求意见环节可以提出，进一步沟通协商，再通过代表大会全体代表表决。

二是建立各工委协同工作机制，加强人大常委会对预算执行的监督能力。广州市人大预工委会按预算执行过程的时间节点，通过预算联网监督系统导出各个部门的预算执行进度，把执行进度出现异常的部门及相关情况进行梳理分析，然后把相关的情况报给对口联系这些部门的工委，同时向财政部门及相关部门发函，要求相关部门对其工作落实情况和预算执行情况作出说明回复，或者举办专题询问会，由对口联系的专委会成员、工委会成员听取汇报，提出询问，有效促进预算执行。

三是发挥各工委在决算草案预审中的作用，提高人大常委会决算审查监督效力。广州市2019年《办法》修订以来，加大了对决算以及绩效的审查和监督。同时，从2021年开始，将部门的整体支出绩效评价报告连同决算草案一并提交人大常委会审议，使得审查监督预算和部门履行职能以及绩效实现情况结合起来，提高了决算审查监督的效力。

3.联网巧监督，线上线下相结合

广州市预算联网监督系统建设起步较早，2017年全国人大常委会在广州召开现场工作会议，广州市人大同志向全国各地人大常委会与会人员展示预算联网监督系统，此后从1.0到2.0再到3.0，预算联网监督系统不断完善。在"三审"中，广州市人大常委会预算工委专门安排工作人员和专家，运用预算联网监督系统向与会代表介绍市本级预算的收入和支出的变化情况；预算工委通过这个系统发现问题，再发函给财政部门及其他相关部门督促有关的工作；并结合线下的专题询问、专题监督、专题调研等，使得预决算审查监督能够落到实处。

整体而言，广州市人大预算审查监督的三个特点背后，既有以人大代表为主体为核心的理念指引，也有整体制度建构的保障，还有运用信息技术赋能所带来的预算审查监督能力的突破，很好地呈现出新时代人大预算审查监督的改革发力点，以及未来的发展趋势。

四、故事的继续：人大预算监督的挑战

广州市人大预算审查监督之所以能够持续不断向前推进，非常重要的一个因素就是广州市的政府预算改革。人大预算审查监督不是仅靠自身的法制建设、能力建设就能完全做好的，很大程度上也有赖于审查监督对象本身的科学化和完善度。广州很好的一点在于人大预算审查监督与预算改革呈现出互相促进、良性循环的关系。还有一点就

是人大代表的素质越来越高、专业性越来越强，代表在预算审查监督中的作用发挥得越来越充分。新当选的人大代表只需参与一两次，就了解怎样运用预算联网监督系统，怎样看预算草案，怎样去提意见，参与活动实际上就是一种履职能力训练。同时，现在很多地方人大也非常重视代表履职能力专门培训，通过培训很好地建构了人大代表的预算审查监督能力，使得他们能够适应新时代，面对预算审查监督工作的新要求和新挑战。

1.全口径、全过程、全覆盖、全链条预算审查监督

虽然制度设计越来越完善，但实际上各地的预算审查监督有很多细节需要不断填补，不断完善。

2.整合计划、政策和预算

政府投资项目和计划以及预算的审查监督安排，一开始是归属于预算委员会，但政府投资计划职能包括年度计划的审查职能，还涉及经济委员会，这两个委员会之间对于同样一项工作，仍然会有不同的反应。在具体的预算审查监督工作中，如何把这三者更好地整合起来，不仅需要制度上推进整合，也强调在具体审查监督工作中融合，才能够使得资金的使用效率更高，效果更好。

3.预算约束与绩效的平衡

在现实中如何让预算约束和绩效达成更好的平衡，是摆在各级地方人大及其常委会面前的一个非常重要的议题。

4.技术赋能与权力建构

在全国人大的强力推动下，预算联网监督系统在省市县级都建立

起来，但是这个系统怎么用、如何用好，还有很多值得探讨的方面，譬如，系统建设之后如何进一步维护、升级，也需要相应的财力支持以及专业人员跟进。在这个过程中，技术与权力之间如何更好地协调，如何通过技术赋能实现权力的现实建构，也是当前需要重点考虑的问题之一。

互动环节

◎ **提问一：**

请问否决权的案例只发生在1999—2005年，后面年份是缺失吗？

◎ **回答：**

当时研究到2013年。根据搜集到的资料，2005—2013年没有出现否决性的案例。

◎ **提问二：**

大家普遍认为预算监督形式大于实质，那么实质性监督是一种什么状态？

◎ **回答：**

学界有些学者对实质性监督的状态从不同角度进行过阐述，我及合作者在2012年的论文中从信息、对话和强制三个维度构建了人大预算审查监督的内容框架，并不是说只有强制维度才是所谓的实质性监督，前面的信息和对话都有其意义和价值，也是整个预算审查监督中不可或缺的部分，需要这三个部分共同发力来实现整体推进，这都是实质性监督的状态。不能认为只有否决了部门预算草案，或者否决了某一项目预算，或者否决了本级政府决算报告，才是实质性监督。我们的目标并不是否决预算草案，而是将其作为提升整体预算能力的手段，也是为我们国家治理现代化奠定基础。在党的领导下进行实质性监督的目标是一致的，故可以整合人大监督、审计监督、社会监督等多元监督力量，提升预算科学化、绩效化水平。

◎ **提问三：**

从目前的监督体系来看，人大预算监督与其他监督之间是否存在重复监督或者重复工作的问题？人大预算监督如何发挥自身优势，实现分工有序、高效监督？

◎ **回答：**

我们还没有考虑重复工作问题，而是有些时候更多关注效力问题，也就是谁更有权威性。比如对同一个部门的整体支出或者同一个项目的绩效评价，不同的监督主体出具的报告谁更有权威性。人大预算监督的关键在于如何去借力，很多工作并不一定要人大常委会直接去做，可以通过人大及其常委会的程序来认可，或者确认其他监督主体形成的监督结论，由此实现分工合作。

◎ **提问四：**

调研中发现，浙江温岭的预算修正案在实践中存在着一定争议，有些地方财政部门认为预算修正案在一定程度上"侵夺"了财政部门的预算编制权，至少是破坏了财政部门预算编制权的完整性。您对此怎么看？

◎ **回答：**

预算编制权是预算相关权力之一，但在中西方都设置预算修正权，这属于预算权力配置或分设的范畴。如果不能改变预算草案，那么审查监督预算的意义就势必大打折扣。在预算编制和审批过程中都需要听取人民代表、社会各界、不同群体的意见，预算修正案只是在审批环节以一种法定形式来呈现这种意见的集合，是人大代表民意行使预算审批权的具体体现，并不存在"侵夺"预算编制权的问题。财政部门认为"侵夺"了预算编制权是过度解读了自己的权力。

吕冰洋

中国人民大学财政金融学院教授,财政系主任,财政与税收研究所执行所长,经济学博士,博士生导师,教育部"新世纪优秀人才",入选国家级人才项目,中国财政学会理事兼副秘书长,中国税务学会理事和学术委员。研究领域为财政理论与政策、央地关系、经济增长,讲授课程为《财政学》《税收学》《税收理论与政策》。主持和参与国家社会科学基金重大项目"现代治理框架下中国财税体制研究"等多项重要课题,代表性著作有《走向现代财政:"国家治理财政"视角》《央地关系:寓活力于秩序》《税收分权研究》《中国资本积累:路径、效率和制度供给》等,在《中国社会科学》《经济研究》《管理世界》《政治学研究》《社会学研究》《统计研究》等核心期刊发表大量研究论文。

第九讲 政府预算管理体制的运行逻辑*

内容提要

政府预算体现着政府间、政府与社会之间的复杂关系，是中国式现代化进程中的重要制度保障。本讲结合中国实际案例和数据统计，尝试在控制、平衡、激励和保障四个方面阐述财政体制运行的逻辑。在控制方面，上级政府通过财政体制加强对地方的领导、防范地方财政风险，并推动统一大市场建设；在激励方面，上级政府采用调整税收分享比例、地方债支持等方法调动地方发展经济的积极性；在平衡方面，上级政府通过调整转移支付、税收分享和支出责任的方法缩小地区间经济发展差异；在保障方面，上级政府采用税收返还等方法维护地方既得利益，推动重大制度改革，并将财力下沉或倾斜至困难地区，以此来保障地方财政的平稳运行。最后，提出财政共权的观点，认为当下我国财政体制是集中有分、分中有集的结构。并且，社会经济条件在不断变化，财政体制设计应不断地在控制、激励、平衡与保障目标中寻找均衡点。

---

* 这是吕冰洋教授2022年11月26日在国家预算治理大讲堂的演讲稿，根据录音整理，并经本人审阅。

一、政府预算管理体制的架构与一般理论

（一）财政体制的架构

财政体制的架构由三部分组成：一是政府间财政事权分配，政府间财政事权分配影响着各级政府的行动边界；二是政府间财权分配，财权包括税权、收费权和债权等，以税权为主，政府间财权分配决定着各级政府所能获得的收益多寡；三是政府间转移支付分配，当地方政府财政收入不能满足财政支出需要时，就需要上级政府通过转移支付来解决。

要理解财政事权首先要理解政府事权。政府事权就是政府职责，它是各级政府各个行政主体作为国家管理的执行机关，在依法对公共事务进行管理时应承担的职责。财政事权是需要通过财政安排支出才能履行的政府事权，是政府事权在财政领域的体现，因此，财政事权本质上是政府事权的一部分。

财政事权包括决策权、支出权、监督权三部分。决策权是关于做出财政资金决策的权力；支出权是关于负责财政支出的权力，它是政府履行财政事权的支出义务和保障，因此也可说是财政支出责任；监督权是关于监督财政资金使用和管理的权力。理想状态下，财政事权和支出责任应当相匹配，在政府间事权边界相对清晰的前提下，政府

应具备足够财力保障需要通过财政支出履行的政府事权。

财权是指政府拥有的财政收入筹措权,它决定着各级政府的经济利益的分配。它包括立法权、征管权和收益权:立法权是指政府拥有的制定、修改、废止税收和规费法规的权力;征管权是指政府对辖区内的税收和规费享有的征收与管辖的基本权力;收益权是指政府有获取辖区内所产生的税收和规费的经济利益的权力。立法权和征管权会影响政府干预经济的能力,收益权会影响政府干预经济积极性的高低。

当地方政府财政收入与支出责任不匹配时,就需要政府间转移支付来弥补地方政府的财力缺口。它的权力结构由分配权、执行权、监督权组成:分配权是指上级政府拥有的对下级转移支付资金分配的权力;执行权是指下级政府对收到的转移支付(特别是专项转移支付)资金进行支配,对上级政府的相关规定落实执行的权力;监督权是指上级政府对下级政府转移支付资金的使用情况进行监督的权力。

政府间财政关系依托基础是一个国家的政治治理架构,它在单一制国家和联邦制国家有着很大的区别。单一制国家只有一个立法机构,按地域划分的行政区划均受中央政府的统一领导,遵循一个统一的宪法。中央政府拥有改变其领导下的地方政府的地域性管辖范围(行政区域)、职权性管辖范围(事权)和组织结构的权力。在单一制国家,政府间财政关系突出的特点是,地方各级政府没有公共收支的立法权。而在联邦制国家,联邦内除了设有联邦立法机关和联邦行政机构之外,联邦各成员政府(有的称州政府,有的称省政府)都有自己的立法机关和行政机构,有自己的宪法和法律。联邦制国家普遍采用财政联邦制（fiscal federalism），它的最重要特点是各成员政府拥有公共收支的立法权。

（二）政府间财政事权划分原则

事权分配是关系到政府行政效率和政治结构稳定的大问题，世界不少发达国家或在《宪法》上，或通过中央立法来明确各级政府的职责。从提高公共产品提供效率角度看，政府间事权划分应该体现以下四个原则。

一是信息优势原则。提供公共产品需要了解当地信息，如居民偏好、提供成本、监督方式等，信息复杂性越高的公共产品，越应该由地方政府去提供。不同地区异质性的大小，也会直接影响公共产品的信息复杂性。如果地区差异大，公共产品就适合由地方政府去提供。

二是外部性原则。公共产品一般都具有正外部性，但每项公共产品外部性辐射的地域范围存在差异。很多公共产品外部性辐射范围会跨越较大地域，如果这一公共产品交由地方政府负责支出，公共产品的提供量将会低于对全社会来说的最优水平。从这个角度看，外部性辐射地域范围越大的公共产品，交由更高层级的政府提供更为有效率。

三是规模经济原则。公共产品的提供需要考虑提供成本的大小。很多公共产品的生产具有明显的规模经济属性，即生产量越大时，单位成本会越低。对于外交、国防这样的事项，由整个国家去提供具有明显的规模经济优势，因此，适合由中央政府提供。

四是激励相容原则。激励相容机制是要使得参与者即使按照自己的利益去行动，也能实现整体利益最大化。例如，由地方政府负责提供公共产品会鼓励地方政府间相互竞争，从而激励地方政府更有动机提供符合本地区市场和社会偏好的公共产品，因此，会提高公共产品提供效率。

财政事权是政府事权的组成部分，政府各部门职能需要财政支出才能得以履行。因此，政府间财政事权划分要匹配政府间事权划分，政府间事权划分原则也可视为政府间财政事权划分原则。

（三）政府间财政收入划分原则

政府间财政收入划分是调动各级政府积极性的重要手段，它一方面会影响地方政府财政收入；另一方面会影响对地方政府的激励方向和程度。举例来说，假设地方政府可以在等量的房地产税或企业所得税中选取一个，它们对地方政府行为的激励作用是完全不同的，前者激励地方政府为居民提供好公共服务，后者激励地方政府为企业改善投资条件。中国历次财政体制改革多数着眼于政府间财政收入划分方式改革，它对地方政府行为乃至经济增长起到了重要影响。政府间财政收入划分应坚持三个原则。

第一，经济效率原则。经济效率原则是指税收分配不能扭曲资源配置效率，不能对经济增长造成严重的伤害。在大型的经济体内，构建统一大市场有利于让市场在资源配置中发挥决定性作用。这时候，税收的经济效率原则就有局部与全局之分，有的税作为地方税会有利于激发地方经济发展生产的积极性，从局部看具有经济效率，但是从宏观上看，就有可能导致地方政府之间激烈的税收竞争，进而导致资源配置扭曲。对适合建设统一大市场的税种，如增值税和企业所得税，税权划分要做到两点：统一税收法律、统一税收管理。就统一税收法律而言，要避免地方税收政策在资源配置中的干预，消除行业间、企业间的税收差异。就统一税收管理而言，要减少地方政府对税收征管的干预，减少税务部门实施税收自由裁量权的空间。

第二，受益原则。所谓受益原则，是指税收要跟政府为居民提供的公共服务密切相关。符合受益原则的税收就是受益税，它的典型代表是房地产税。受益税是良好的地方税，因为当地方政府提供公共服务水平提高时，税收会随之增加，这会激励地方政府为辖区居民提供好的公共服务。除了房地产税，个人所得税和一般性消费税（或称零售税，我国消费税属于选择性消费税，不属此类）都具有受益税的性质。个人所得税之所以有受益税性质，是因为当政府的公共服务水平提高时，会吸引更多的人进入辖区，个人所得税会随之增加；一般性消费税之所以也有受益税性质，是因为当地方政府完善消费基础设施（例如建设好的市场）、改善消费环境（例如食品监管）时，一般性消费税会随之增加。

虽然房地产税、一般性消费税、个人所得税都具有受益税的性质，但是受益范围有大有小，最大的是个人所得税，次之是一般性消费税，再次之是房地产税。可以根据受益范围的大小确定这个税到底该归属于哪一级政府：受益范围越小的，越应该归为管辖区域较小的政府；

受益范围越大的，越应该归为管辖区域较大的政府。

第三，有效激励原则。地方政府财政收入来源会影响地方政府积极性的发挥，在大型经济体内，各项事业建设都需要激发地方政府的积极性，关键是要激发地方政府什么样的积极性：是激发地方政府发展经济的积极性？还是提供公共服务的积极性？激发地方政府这两个积极性对地方税的要求是不一样的：从发展生产角度看，把生产环节的税种作为地方税最有利于激发地方政府的发展经济积极性；从完善公共服务的角度看，把消费环节的税种作为地方税最有利于激发地方政府提供公共服务的积极性。

通过税收激发地方政府积极性，不可避免地带来地方政府间税收竞争。市场经济条件下，辖区间税收竞争既有好的一面，也有坏的一面。在这方面我国有过教训，20世纪80年代产品税是地方政府重要税收来源，结果促使地方政府鼓励辖区内价高税多的企业发展，对外来商品则采取地区贸易保护主义，一个典型事例是当时各县争相办自己的酒厂。在现今分税制情况下，各地区政府采用"引税""买税"等措施也很常见。要认识到无论如何设置地方税系，辖区间税收竞争都是不可避免的现象。地方税系的建设应尽量做到抑制负面的税收竞争，而鼓励良性的税收竞争。

（四）财政分权理论及局限性

市场经济之所以有效率，是因为它通过鼓励自由竞争带来资源配置效率提高，而为促进竞争，就需要充分发挥市场参与主体的信息优势。这主要体现在两方面：一是发挥企业和个人信息优势，为此，需要建立产品市场和要素市场，让价格信号发挥信息搜寻和引导功能；二是地方政府的信息优势，因为地方政府比中央政府更靠近当地社会和市场，中央政府必须给予地方政府更大的自主权才能激发地方政府的积极性，由此产生财政分权（fiscal decentralization）问题。财政分权是指事权、财权的某些权力下放，由此达到调动地方政府积极性问题。

财政分权理论发展大致经过两个阶段：一是以Tiebout（1956）和Oates（1972）为代表的第一代财政分权理论。该理论认为，地方政府的目标是实现辖区居民福利的最大化，但是由于地区之间资源条件和居民偏好不同，由各地方政府提供差异性公共物品比由中央政府提供统一的公共物品更有效率，为此，中央政府需要赋予地方政府更多的财政收支自主权。二是以Weingast（1995）、Qian和Weingast（1997）、Qian和Roland（1998）为代表的第二代财政分权理论。该理论将公共选择视角和委托代理分析方法引入财政分权研究中，认为地方政府有其自利的动机，如追求财政预算的最大化。为避免政府的自利行为所产生的扭曲，需要在政府内部实行分权来激发地方政府之间的竞争，这种竞争一方面可激励地方政府关注辖区居民需求，另一方面可以约束地方政府的自利行为，因此，财政分权有助于促使地方政府承担本地区经济发展的责任，形成一种类似"市场保护型"的财政联邦制，因此，该理论也称之为"市场保护的财政联邦制"。

需要注意的是，财政分权形式与国家政体结构密切相关。现代政治学关于国家政体结构的区分，一般分为联邦制和单一制两种。所谓联邦制，是指国家由两个或两个以上的政治实体结合而成；所谓单一制，是指国家由若干行政区域单位组成单一主权国家的结构形式。联邦制与单一制的最大区别，是看主权权力是由全国性政府独占还是由其与区域性政府分享，由全国性政府独占主权权力的是单一制，由全国性政府同区域性政府分享主权权力的是联邦制。在联邦制国家，联邦各成员国有自己的立法和行政、司法机关，通过自己制订的宪法和法律来管理本国内的财政、税收、文化、教育等公共行政事务。因此，一般而言，联邦制国家的地方分权程度较高。在单一制国家，全国只有一个中央政权，一部宪法和一种法律体系，地方的权力来自中央的授权。单一制国家地方分权程度有高有低，如果是强调地方自治传统的，那么地方分权程度较高；反之，地方分权程度较低，或者说，中央集权程度较高。中国是单一制国家，在中央与地方关系处理上强调"党中央集中统一领导，分级管理"，在这种制度背景下，中国式财政分权既要考虑党中央集中统一领导，又要考虑激发各级政府积极性，财政权力配置要在多种财政权力中寻求平衡，它必然是既有集中成分，也有分散成分，即"集中有分，分中有集"。

二、大国财政体制的理论与实施原则

（一）大国治理面临问题

大国与中小国家相比，在国土面积、人口规模、地区差异性、经济体量上，均有着巨大的差异，国家治理的难度也远超中小国家，由此所依据的政府间财政关系理论及政府间财政关系实践也有着巨大差异，不能完全按照财政分权理论来指导实践。大国有多层级政府，要推动国家治理能力的提高和国家治理体系的完善，必须调动各级政府积极性参与国家治理。简单地说，就是要发挥"中央与地方两个积极性"。正如1956年毛泽东在《论十大关系》中所说，"我们的国家这样大，人口这样多，情况这样复杂，有中央和地方两个积极性，比只有一个积极性好得多……处理好中央和地方的关系，这对于我们这样的大国大党是一个十分重要的问题。"

什么是政府的积极性？它是指政府在特定行为动机的激励下，通过调动各种资源以实现特定政策目标的过程。不同的行为动机和政策目标，决定了政府积极性的不同发挥方向。财政体制关系到各级政府拥有的财政事权和财政利益，它对各级政府行为具有重要影响。在2013年中国共产党召开的十八届三中全会中，提出"建立现代财政制度，发挥中央和地方两个积极性"。在2017年的党的十九大报告中，进一步提出"加快建立现代财政制度，建立权责清晰、财力协调、区域均衡的中央和地方财政关系"。可见，在我国这样一个大国背景下，如何通过构建中央与地方政府间合理的财政关系，以充分发挥中央和地方两个积极性，就显得尤为关键和重要。

（二）大国财政体制理论

大国财政体制要注重调动中央与地方两个积极性，这需要对"积极性"内涵及演变规律进行分析。对中央政府而言，其重要职责是促进经济增长、维护市场统一、协调区域发展、公平收入分配、维持社会秩序稳定等；对地方政府而言，其重要职责是发展生产、增加公共物品供给、维护市场秩序、完善社会治理等。由于政府积极性的发挥方向是多重的，它在不同历史阶段，在不同层级政府，其展现形态也不同。因此，在财政体制安排上，就需要有发展的观点和结构的观点，研究它所产生的财政激励和政府行为导向问题。

实际上，中央政府积极性不需要激发，中央政府多从全国性角度出发来制定和执行政策，其政策目标具有全局性和战略性，中央政府会根据历史阶段性变化，对发挥积极性的方向作出调整。与中央政府相比，地方政府的积极性需要通过制度设计来激发。地方政府多从辖区的局部角度出发制定和执行政策，其政策目标具有一定的局限性，从全局性角度或者社会整体性角度出发并不是最优的。

理论上，地方政府积极性的发挥主要有两个方向：推动经济增长、完善公共服务。公共服务的范围比较广，根据经济社会发展的水平高低和政府建设的能力大小而定，主要包括公共教育、公共卫生、公共文化等社会事业，也包括公共交通、公共通信等公共产品和公用设施建设，还包括解决人的生存、发展和维护社会稳定所需要的社会就业、社会分配、社会保障、社会福利、社会秩序等公共制度建设。关键问题是，要激发地方政府什么样的积极性？在不同积极性的激发下，地方政府的行为尤其是干预经济发展的行为会表现出较大差异。例如，当把激励目标定位为发展经济时，地方政府将热衷于吸引外地投资，也有动力保护地方税源大户,弱化市场监管,有可能引发一些扰乱市场秩序的经济行为。

地方积极性合理发挥方向与历史发展阶段密切相关。第一个阶段,发展中阶段。此阶段许多地区的市场机制还处于初步建立阶段,市场条件不足以吸引企业投资。如果地方政府积极为企业改善市场条件,例如,完善当地市场基础设施,甚至通过税收返还这种制造税收洼地手段,会有效吸引企业投资,从而有助于激发当地经济活力,推动经济起飞。此时,地方政府积极性的发挥重点是推动经济发展。第二个阶段,发达阶段。此阶段随着人民生活水平的不断提高,人民对高质量的公共服务需求增加,在教育、医疗卫生、环境保护、文化娱乐等公共服务领域有了更高的要求,需要发挥地方政府提供优质公共服务的积极性,例如改善当地教育和医疗条件、改善生态环境等。此时,地方政府积极性的发挥重点是完善公共服务。

在不同历史发展阶段,人民需要的重点也是不同的,国家治理的重心会随着人民需要的变化而变化。一般来讲,在经济发展初期,人民更关注物质生活需要,此时政府职能的发挥重心是推动经济增长并提高人民的生活水平。当经济发展到一定水平后,人民需要的重心会转向教育、医疗、社会保障等公共服务水平的提高,此时政府职能发挥的重心就会完善公共服务水平转变。我国社会主义主要矛盾的变化就体现了这一历史规律。1956年,我国社会主义改造基本完成以后,我国社会的主要矛盾是人民日益增长的物质文化需要同落后的社会生产之间的矛盾。到了2017年，党的十九大报告中指出："中国特色社会主义进入新时代，我国社会主要矛盾已经转化为人民日益增长的美好生活需要和不平衡不充分的发展之间的矛盾。"从物质文化需要到美好生活需要，就体现着不同历史阶段人民需要的变化规律，由此所要求政府积极性主要发挥方向也不同。中央和地方两个积极性发挥的历史规律如图1所示。

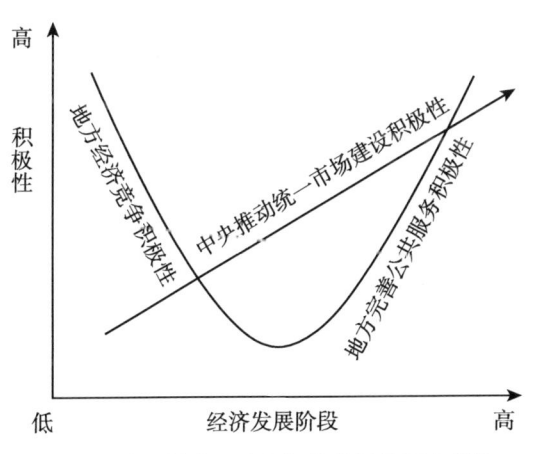

图1 中央与地方两个积极性发挥的历史规律

资料来源：吕冰洋、贺颖：《中国特色财政激励体制：基于统一市场的视角》，《中国社会科学》，2022年第4期。

财政体制对地方政府积极性的调动程度和方向具有重要作用。第一，事权和支出责任分配决定了政府间权责结构，它可赋予地方发展经济的手段；第二，财政收入分配让地方政府从经济发展中得到相应的财政利益，由此引导地方政府发挥积极性的方向；第三，政府间转移支付可以通过转移支付公式设计，引导地方积极性发挥方向。举例来说，如果将一般性消费税作为地方税，那么会鼓励地方政府改善当地消费环境，并注重保护消费者利益；而如果将企业所得税作为地方税，那么会鼓励地方政府招商引资，并注重保护企业主利益。

（三）兼顾两个积极性的财政体制原则

党的十九届四中全会总结我国国家制度和国家治理体系具有多方面的显著优势，"坚持全国一盘棋，调动各方面积极性，集中力量办大事"就是其中之一，这种制度优势一定会在财政体制中展现出来，这就是我国在历次财政体制改革中反复强调的原则："统一领导、分级管理"。

财政体制的"统一领导、分级管理"是兼顾中央与地方积极性的指导性原则。"统一领导"是指在全国范围内有统一的财政方针、政策、计划和制度；"分级管理"是承认地方财政的相对独立性，赋予地方财政相应的自主权，使它们在不违背党中央集中统一领导的前提下，能够因地制宜制定相应政策和管理财政收支。坚持"统一领导、分级管理"原则的必要性在于，它实际上兼顾了中央政府全局治理与调动地方政府积极性的一对矛盾，而这对矛盾在不同历史条件下矛盾的主次、展现的形态是不同的，由此引起财政体制的相应变化。之所以中国可以实行该原则，是因为"坚持全国一盘棋"，强大的中央政府可以保证财政体制中各种权力配置由中央政府主导。

就从发展经济角度看，财政体制的"统一领导、分级管理"兼顾了建设统一市场与调动地方发展经济积极这一对矛盾。

第一，财政体制的"统一领导"有利于建设统一市场，且在经济发展较高水平时期优势越明显。中国作为广土众民的超大型经济体，有着广阔的市场空间和规模巨大的生产要素，建设统一大市场有利于生产要素和商品根据市场价格信号来配置资源，从而提高整体经济效率。要做到这点，就需要消除导致市场分割的各种制度障碍，其在财政体制上的表现就是中央政府要掌握流动性税基的征税权，以及提供全局性公共产品的事权。否则的话，下放到地方政府手中地方政府就有动机和有能力干预市场，进而破坏市场统一。

第二，实行财政体制的"分级管理"有利于培育局部市场，且在经济发展初期优势越明显。在经济发展初期，生产要素资源尚未得到充分利用，全国性市场尚未形成。此时需要激发地方政府积极性以推动当地市场的发育和成长，为此，中央政府需要在财政体制安排上注重调动地方积极性，让地方从发展经济中得到相应的财政利益。但是财政体制在激发地方政府积极性的同时，引发了地方激烈的经济竞争，容易产生破坏全局市场统一的结果，并累积经济风险特别是财政风险。中央政府就需要审时度势，处理好调动地方培育当地市场与建设全局统一市场的矛盾。

当经济发展到较高阶段时，财政体制仍需要贯彻"统一领导、分级管理"原则。原因是财政体制调动地方积极性有两个方向：推动经济增长、完善公共服务。在经济发展初期，许多地区的市场机制还不完备，如果地方政府积极为企业创造优惠市场条件，例如完善当地市场基础设施，甚至通过非正式税收返还来制造"税收洼地"，会有效吸引企业投资并推动经济起飞。在经济发展到较高阶段时，人民对"美好生活需要"的向往会导致高质量公共服务需求增加，在教育、医疗卫生、环境保护、文化娱乐等公共服务领域有了更高的要求，此时需要发挥地方政府提供优质公共服务的积极性，为提高公共产品提供效率，仍需要实行"分级管理"原则。只不过，尽管都需要实行"分级管理"，但指向经济增长和完善公共服务的财政体制安排完全不同。

三、中国财政体制运行的逻辑

中国财政体制的演变，本质上是中央政府为协调全局性国家治理和调动地方积极性的这一对矛盾而不断作出调整，中央政府既通过财权和事权的"赋权"来调动地方积极性，也通过财权和事权的"控权"来抑制地方积极性发挥所产生的不利影响。在"赋权—控权"过程中，中央政府始终主导着财政体制演变形式。

（一）逻辑之一：发挥地方推动经济增长积极性

在统收统支阶段，我国要在经济薄弱基础上从事大规模工业化建设，将资金分散到地方政府手中不利于发挥资金效益，因此需要集中全国资金由中央政府支配使用，此时注重调动的是中央政府的积极性。而在当时的计划经济体制大背景下，在财政领域也需要采取与之相应的统收统支财政体制。但即使如此，在实践运行中，中央政府发现经济建设事业离不开地方政府积极性的发挥，为此，在统收统支阶段多次采取下放地方财政自主权措施。然而，在计划经济体制下私人部门经济被高度抑制，即使是下放财政自主权也调动不了私人部门的积极性，反而容易导致地方过度投资现象，因此，在统收统支阶段财政体制以收权为主。

改革开放后，中国政府意识到计划经济存在巨大的问题，要解决的主要问题是，改变计划经济体制下统得过多过死局面，要激发整体经济活力。而在改革开放初期，私人部门经济尚未得到充分发展，市场机制还非常不完善，市场在资源配置中的作用得不到有效发挥，此时要激发地方政府对当地市场的培植功能。当时经济形态以国有企业为主体并隶属于不同层级政府，地方政府能够从所隶属的国有企业发展中获得相应的税收，形成那个时期独特的"隶属税"现象。如图2所示，在很长一段时期内，我国税收主要来自国有企业，而国有企业隶属各级政府。在这种经济背景下，我国从两个角度调动地方政府积极性：一是在政府间财政利益分配上，允许地方政府从所管辖企业发展中得到相应的好处，为此我们大量采取了"财政包干"办法，即国有企业承诺向当地政府上缴财政收入规模，以及地方政府承诺上缴中央政府财政收入规模；二是下放财政管理权，赋予地方政府更多的发展经济手段，谁负责的基础建设、公共事业，财政支出就由谁安排，鼓励地方政府努力挖掘本地区的生产、物资和资金潜力，推动当地经济增长。

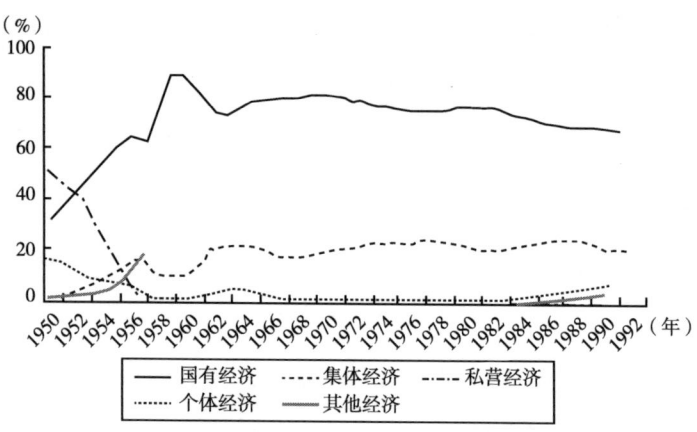

图2 新中国成立以来工商税收分经济类型收入所占比重

数据来源：《中国税务年鉴1993》，中国税务出版社。

但是，财政包干制是按企业隶属关系划分财政收入的，地方政府从经济利益出发，竞相发展本地区税高利多的项目，保护本地产品销售，限制原材料流出，造成了地区间的恶性竞争和市场分割，严重妨碍国家统一市场的形成。1993年，党的十四届三中全会提出改革总目标是"建立社会主义市场经济体制"，建立市场经济体制要求产品和要素依据市场价格信号流动，当时提出"让市场在资源配置中发挥重要作用"，在此改革大背景下，"分灶吃饭"财政体制也必然要进行相应改革。

分级分税体制与分灶吃饭体制相比，最大区别是由按企业隶属关系划分政府财政收入，改变为按税种划分政府间财政收入，这改变了影响地方积极性发挥的机制。分税制改革后，地方政府主要收入来自营业税、企业所得税分享收入和增值税分享收入。营业税的税基分为两部分：一部分是服务业，分为生产性服务业（如交通运输业）和消费性服务业（如餐饮业）；另一部分是建筑业和房地产业。企业所得税和增值税的税基来自企业的利润和增加值，属于流动性税基，主要集中于工业部门。工业投资和生产的扩张会影响到生产性服务业的发展，人口聚集则会影响消费性服务业发展，而住宅和厂房建设的需求增长则关系到建筑业和房地产业的发展。因此，分税制的税种设计会通过税收激励来调动地方政府发展经济的积极性。

增值税和企业所得税都属于流动性税基，特别是生产企业的增值税，在出厂环节征收，并且具有经营地点固定、生产环节增值率高等特点；而营业税与服务业和建筑业密切相关，房产投资需求的增长显然会增加税收收入。除了企业所得税、营业税和增值税之外，地方政府还要求投资者一次性缴纳土地出让金，但是缴纳金额可以弹性调整。由于企业投资可以在未来产生稳定的税源，因而地方政府还通过调整对投资者征收的土地出让收入、为投资者提供各类服务等方式吸引投资。分税制设计触发地方发展经济积极性的机制见图3。

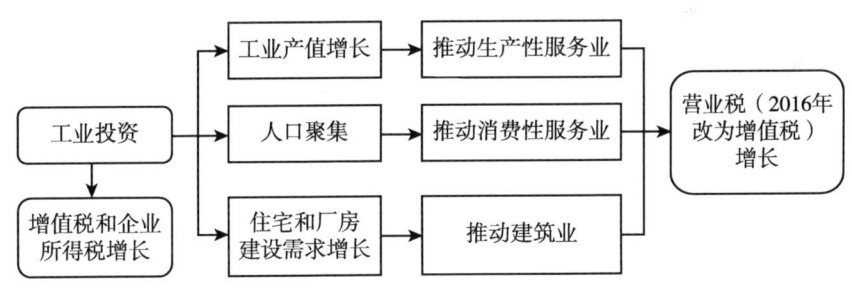

图3　分税制设计触发地方发展经济积极性的机制

资料来源：吕冰洋，台航.国家能力与政府间财政关系［J］.政治学研究，2019（3）.

总体而言，对地方政府来说，吸引企业投资会拉动当地的GDP增长，带动相关产业发展，进而会给地方政府带来可观的税收收入。因此，地方政府为了增加财政收入，会千方百计地吸引外地工业企业到本地投资落户，反过来这激发了地方政府间为争夺税基而展开的激烈经济竞争，这对中国地方经济增长起到了重要推动作用。

（二）逻辑之二：发挥地方完善公共服务积极性

1.政府职能发挥与美好生活需要实现

改革开放后，我国财政体制很好地调动了各级政府发展经济积极性，经济增长取得了举世瞩目的成绩，到2000年我国经济在1981年基础上翻了两番，达到了小康水平，人民的物质生活水平大幅度提高。进入新世纪后，地方政府职能需要进行调整，并使其更好地发挥完善公共服务的积极性，其原因在于以下两点。

一是我国经济从高速增长阶段进入高质量发展阶段，过度重视地方政府经济职能会不利于社会主义市场经济体制的完善。中国是大型经济体，建设统一开放的市场经济体系、让市场在资源配置中发挥决定性作用可有效地激发市场活力，实现区域间经济的合作与分工。但是，我国市场体系还不健全、市场发育还不充分，政府和市场的关系没有完全理顺，还存在市场激励不足、要素流动不畅、资源配置效率不高、微观经济活力不强等问题，推动高质量发展仍存在不少体制机制障碍。在这种背景下，如果地方政府职能过度偏向经济发展，地方政府从局部利益出发，就会采取种种行政手段干预当地市场，不利于理顺政府与市场关系，不利于社会主义市场经济体制的完善。

二是随着社会主要矛盾的转变，人民需要从物质文化需要更多地转向美好生活需要，需要地方政府更好地发挥完善公共服务的职能。随着人均收入水平的提高，人民会更关注所享受到的公共服务水平，地方政府是与当地人民接触最直接、最能掌握本地居民需求的政府机构，地方政府要适应这一历史发展的阶段性变化，从竞争性的市场中退出来，扮演好自己的角色，认真履行公共服务职能，优质高效地为社会提供公共产品和公共服务，为经济社会发展创造良好的条件和环境，实现全面、协调和可持续发展。

2.财政体制与地方公共服务供给

财政体制对地方公共服务供给具有重要影响，为提高地方公共服务水平，财政主要采取如下三个措施。

第一，优化财政支出结构，提高财政支出中公共服务支出占比。在计划经济和有计划的商品经济时期，国家注重经济职能的实现，政府调动几乎全部资源从事各种生产活动，财政支出大量用于经济建设。当我们确立建设社会主义市场经济体制方向时，政府逐步减少在生产资源中的配置份额，退出一些适合私人部门从事的生产活动领域，财政用于经济建设方面的支出比例大大降低。基本建设支出占财政支出的比重由改革开放起始1978年的40.3%，一路下降到2006年的10.9%。党的十六大以来，党中央突出强调以人为本，提出"科学发展观"思想，促进经济社会和人的全面发展。在党的十七大报告中，提出加快推进以改善民生为重点的社会建设，着力保障和改善民生，扩大公共服务，完善社会管理，促进社会公平正义，努力使全体人民学有所教、劳有所得、病有所医、老有所养、住有所居，推动建设和谐社会。党的十八届三中全会后，紧紧围绕更好保障和改善民生、促进社会公平正义，增加财政支出中用于公共服务的比重。目前国家一般公共预算支出中，主要是各种形式的公共服务支出（见图4）。

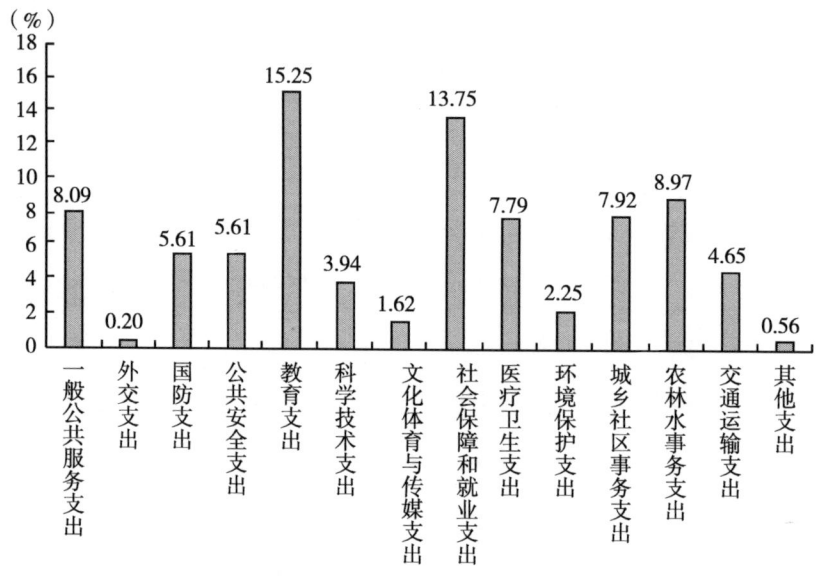

图4　2021年中国财政支出结构

第二，建立财政事权和支出责任相适应的体制，将之纳入法治化和规范化轨道。财政事权是政府提供公共服务的任务和职责，支出责任是政府履行财政事权的支出义务和保障，如果不落实支出责任，那么政府职责也难以履行。2013年党的十八届三中全会后，我国推行事权与支出责任相适应改革，2016年国务院出台了《国务院关于推进中央与地方财政事权和支出责任划分改革的指导意见》，将体现国家主权、维护统一市场以及受益范围覆盖全国的基本公共服务由中央负责，地区性基本公共服务由地方负责，跨省（区、市）的基本公共服务由中央与地方共同负责。按照"谁的财政事权谁承担支出责任"的原则，确定各级政府支出责任。在此之后，我国陆续推行基本公共服务、科技、教育、交通运输、生态环境、公共文化、自然资源、应急救援等领域中央与地方共同财政事权和支出责任划分改革，这对建立权责清晰、财力协调、区域均衡的中央和地方财政关系起到良好的推动作用。

第三，构建基本公共服务体系，推行区域间基本公共服务均等化。社会发展的基本宗旨是人人共享、普遍受益，而推进基本公共服务均等化是实现该宗旨的基本手段。我国地区发展水平存在不平衡，地区间自有财力差距较大，要保证基本公共服务均等化的实现，需要在制定基本公共服务标准基础上，一方面中央政府要负担更多的基本公共服务的事权和支出责任，另一方面提高对困难地区转移支付力度。党的十七届五中全会提出"着力保障和改善民生，必须逐步完善符合国情、比较完整、覆盖城乡、可持续的基本公共服务体系，提高政府保障能力，推进基本公共服务均等化。"之后推进公共服务体系改革，改革公共服务方式，完善公共服务网络，保障公共服务供给。2018年国务院出台了《基本公共服务领域中央与地方共同财政事权和支出责任划分改革方案》（国办发〔2018〕6号），该方案从解决人民最关心最直接最现实的利益问题入手，将教育、医疗卫生、社会保障等领域中与人直接相关的主要基本公共服务事项明确为中央与地方共同财政事权，体现向困难地区倾斜的原则。2021年多部门联合制定《国家基本公共服务标准（2021年版）》，将基本公共服务以清单化、标准化的方式作为公共产品向全民提供，这是我国保障和改善民生的一次重大制度创新。《国家基本公共服务标准》涵盖了幼有所育、学有所教、劳有所得、病有所医、老有所养、住有所居、弱有所扶、优军服务保障和文体服务保障，共9个方面、22大类、80个服务项目，每个项目均明确了服务对象、服务内容、服务标准、支出责任和牵头负责单位。《国家基本公共服务标准》的出台，有利于保障和改善基本民生，并推动发展成果全民共享。

（三）逻辑之三：发挥中央政府全局治理的积极性

中央政府负有全局治理职责，其推动全局治理的财政行为很多，如提高全局公共产品、宏观经济调控、化解全局性风险、实现公平分配等，就从发挥"两个积极性"的辩证关系及我国长期以经济建设为中心的实践角度看，中央政府注重克服地方积极性调动后所产生的负外部性，在对地方"赋权—控权"过程中，中央政府始终主导着财政体制演变形式，因时制变、因地制宜，在赋予地方财政权力来调动地方发展经济积极性的同时，又控制权力运行以抵消地方竞争所带来的负外部性，在更大范围推动统一市场建设。中央政府推动统一市场建设的具体措施包括如下几方面。

第一，事权调整：促使地方政府职能合理发挥。

自20世纪90年代末，中央陆续在工商、税收、质量监督、安全生产监督等部门上收了权力，实行垂直管理。所谓部门垂直管理，是将政府职能部门由当地政府管理（俗称"块块管理"）移至上级政府职能部门管理（俗称"条条管理"），其核心管理权限变动是部门经费和人事关系变动。此外，我国各部门广泛实行的督察制度，又催生了来自众多的跨省区的大区机构，通过巡视、检查来督察中央政令在地方的实行情况，这也可以看成另外一种特殊的垂直管理形式。垂直管理通过保持垂直管理部门的人事和财务的独立，使其下级部门摆脱地方政府的干预，加强部门执法监管的权威，保证"上传下达、政令畅通"，实际上也就为建设统一市场提供良好的制度环境。

第二，税收改革：推动税负公平和管理规范统一。

税收是插入市场的"楔子"，它会干扰市场价格信号。如果这种干扰是不可避免的，那么要尽量保持干扰在全国范围内统一，这样才会让市场而不是地方政府在资源配置中发挥决定性作用。分税制改革后，中央政府一直不断进行税收制度、税收分享、税收管理方面改革，它们对统一市场建设起到不小的推动作用（见表1）。代表性改革及效果有三方面：第一，推动统一商品市场建设的改革。突出的是，1994年取消工商税和产品税，增值税主要归中央政府，这样减少对商品的重复征税；2009年在全国层面增值税允许设备进项税抵扣，统一了设备品与一般生产投入品的税负差异；2006年"营改增"改革，统一了服务业与工业税负差异。第二，推动统一要素市场的改革。突出的是，1994年统一内资所得税改革，将当时四种形式的企业所得税，两种形式的个人所得税分别统一；2018年企业所得税内外资企业两法合并改革，从税收上统一了资本要素市场。第三，减少税收执法差异。1994

年成立国税局，2002年部分企业所得税管理划转国税局，2018年国税局和地税局合并，这些改革逐渐降低了地方政府对税收的干预程度。

表1　　　　　税收改革对统一大市场建设的作用

建设统一大市场	统一商品市场	1.取消工商税和产品税，开征增值税（1994年）
		2.全国范围内的增值税转型（2009年）
		3.营业税改征增值税（2016年）
	统一要素市场	1.统一内资企业所得税（1994年）
		2.统一内外资企业所得税（2018年）
	减少税收执法差异	1.成立国税局（1994年）
		2.所得税分享与管理改革（2002年）
		3.国地税合并（2018年）

第三，非税收入管理改革：规范政府与市场关系。

非税收入作为税收之外的一种政府收入，具有两面性，它既是调动地方积极性的手段，也是影响政府与市场关系、影响统一市场建设的重要因素。为限制地方政府通过非税收入干预市场行为，2000年后，中央政府实施了一系列改革，预算外收入管理经历如下几方面改革逐步规范：第一，深化"收支两条线"改革，将预算外收入全部纳入财政专户管理、规范收缴程序、实施更严格的行政事业性收费审批。第二，完善部门预算编制，实行预算外资金的预算管理，为加强预算外资金管理乃至最终取消预算外资金奠定基础。第三，2009年统一预算内外资金，以非税收入管理取代预算外资金管理，消除预算内与预算外在财政管理上的"两张皮"。第四，2016年财政部出台《政府非税收入管理办法》和《财政管理绩效考核与激励暂行办法》，对非税收入征管进行全局设计，并将财政收入质量列入绩效考核指标。通过加强非税收入资金管理，将地方政府的收费行为纳入法治轨道，约束和规范地方政府的市场干预行为，推动全局公平竞争的市场环境形成。

第四，交通和通信事权的集中：基础设施建设降低资源流动成本。

以交通和通信为代表的经济基础设施建设，能有效地降低资源跨区流动的成本，加快区域间资源与信息整合。以交通事权为例，它涵盖了公路、水路、铁路、民航、邮政、综合交通等领域的中央与地方事权与支出责任划分。我国领土面积广阔，高等级交通设施要跨越多个省份，根据事权分配的外部性原则和规模经济原则，它在很多情况下属于中央政府事权范围。虽然直到2019年国务院才出台《交通运输领域中央与地方财政事权和支出责任划分改革方案》，但在此之前，中央政府已承担了以高铁为代表的重要基础设施的投入和建设工作，并在专项规划、政策决定、运营管理、统一调度等方面承担了大量职责。

截至2019年底，我国公路和铁路里程分别达到501.25万公里和13.99万公里，分别是2000年的3.0倍和2.0倍，其中高速公路里程达14.96万公里，是2000年的9.2倍，高速铁路更是经历从无到有的巨大变化。全国港口拥有生产性码头泊位2.29万个，内河航道通航里程达12.73万公里，民航机场达到237个，分别是2000年的3.0倍、1.1倍和1.7倍。而在通信传输系统建设上，互联网、电话通信、电视信号等广泛普及，使其地区之间、城乡之间差距缩小，例如"十三五"期间国家重点实施宽带乡村和中西部地区中小城市基础网络完善工程，全面推进新一代信息基础设施建设，积极推动"双千兆"网络升级和普及。基础设施建设的日新月异，使得即使是偏远农村也能享受到很好的物流和通信服务，这大大加快了市场整合速度。

总结上面分析，改革开放以来中国财政体制变迁的核心逻辑是：在以经济建设为中心的国家发展战略下，中央政府根据历史条件变化，通过财政利益划分来调动地方政府发展经济积极性；地方政府经济竞争会产生破坏要素和产品统一市场的结果，降低全局性资源配置效率，为此，中央政府通过政府间事权调整、税收改革、非税收入管理改革、基础设施建设和转移支付制度改革，缓解地方积极性发挥所带来的市场分割问题，在更大范围内推动统一大市场建设；中央政府和地方政府两个积极性是塑造大国优势的坚实基础，两个积极性发挥合力推动了改革开放以来中国经济的发展。

四、财政体制改革方向

在《中华人民共和国国民经济和社会发展第十四个五年规划和2035年远景目标纲要》中提出，"建立权责清晰、财力协调、区域均衡的中央和地方财政关系，适当加强中央在知识产权保护、养老保险、跨区域生态环境保护等方面事权，减少并规范中央和地方共同事权。健全省以下财政体制，增强基层公共服务保障能力"以及"健全地方税体系"。因此，新发展阶段财政体制改革重点在中央与地方之间的财政事权与支出责任划分改革、政府间税收划分改革，以及省以下财政体制改革。

（一）财政事权与支出责任划分改革

1. 面临问题

政府间财政事权分配与支出责任是关系到政府职能行使和政治结构稳定的重要问题，世界不少发达国家或在《宪法》上，或通过中央立法，来明确各级政府的职责。在2016年国务院颁发的《关于推进中央与地方财政事权和支出责任划分改革的指导意见》中，列举现行的中央与地方财政事权分配存在的问题，主要表现在：第一，政府职能定位不清，一些本可由市场调节或社会提供的事务，财政包揽过多，同时一些本应由政府承担的基本公共服务，财政承担不够；第二，中央与地方财政事权和支出责任划分不尽合理，一些本应由中央直接负责的事务交给地方承担，一些宜由地方负责的事务，中央承担过多，地方没有担负起相应的支出责任；第三，不少中央和地方提供基本公共服务的职责交叉重叠，共同承担的事项较多；第四，省以下财政事权和支出责任划分不尽规范；第五，有的财政事权和支出责任划分缺乏法律依据，法治化、规范化程度不高。

地方政府整体承担的财政支出责任上升，势必影响到省以下各级政府的财政支出责任承担比例的变动。图5显示了省、地级市、县三级政府财政支出占比状况，从中看到，县级支出占比在2000年后迅速上升，省级和市级占比在下降。这可能反映了从中央到省、省到市、市到县的层层向下转嫁财政压力的行为，县级政府无从转嫁，只能承担大部分财政支出责任，由此引发了广泛关注的县乡财政困难问题。

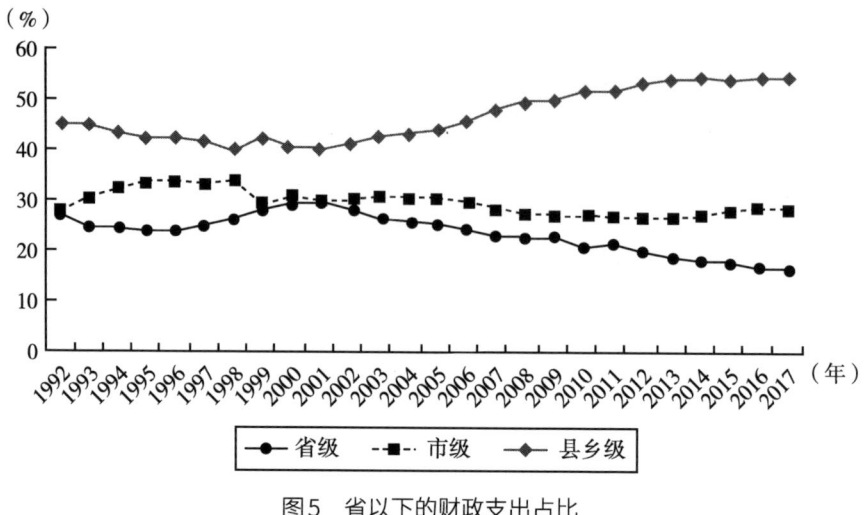

图5 省以下的财政支出占比

2.改革方向

财政事权和支出责任划分,不仅关系到现代财政制度的建设,更是国家治理体系和治理能力现代化的重要方面,财政事权与支出责任划分是多年来理顺政府间财政关系的焦点和难点问题。改革方向有如下三点。

第一,合理划分各级政府职能,根据政府职能定位确定财政事权与支出责任划分。我国作为单一制社会主义大国,必须在"统一领导,分级治理"原则下,按照政府间事权划分的理论,根据公共物品的信息优势原则、外部性原则、规模经济原则和激励相容原则来划分各级政府财政事权。涉及国家主权、经济总量平衡和区域协调发展、全域要素流动等领域的事务,要完整集中到中央,以加强国家的统一管理,确保法制统一、政令统一、市场统一,维护和巩固中央权威。省以下的事权调整要深化行政执法体制改革，按照减少层次、整合队伍、提高效率的原则，推进综合执法，合理配置执法力量。通过上述努力，建立决策和执行相统一、权利和责任相一致、事权和支出责任相适应的体制机制。

第二，推动财政事权和支出责任划分规范化和法律化。我国政府间事权划分的法律基础薄弱，宪法仅规定"中央和地方的国家机构职权的划分，遵循在中央的统一领导下，充分发挥地方的主动性、积极性的原则"，并授权国务院规定中央和省级政府的职权划分。实践中多以文件形式加以界定，讨价还价、相互博弈、上收下放频繁，缺乏必要的法律权威和约束力。要通过法律划分政府间事权，在此基础上将中央与地方财政事权和支出责任划分基本规范以法律和行政法规的形式规定，将地方各级政府间的财政事权和支出责任划分相关制度以地方性法规、政府规章的形式规定，逐步实现政府间财政事权和支出责任划分法治化、规范化，让行政权力在法律和制度的框架内运行，加快推进依法治国、依法行政。

第三，完善各级政府支出责任划分，保障各级政府财力需要。在确定各级政府财政事权基础上，明确各级政府支出责任并予以财力保障。中央的财政事权如委托地方行使，要通过中央专项转移支付安排相应经费。对地方政府履行财政事权、落实支出责任存在的收支缺口，除部分资本性支出通过依法发行政府性债券等方式安排外，主要通过上级政府给予的一般性转移支付弥补。下级政府的财政事权如委托上级机构行使，下级政府应负担相应经费。

（二）政府间税收划分改革

1. 面临问题

政府间税收划分对保障各级政府财政收入、合理发挥各级政府职能具有重要意义。一方面，虽然政府有多种财政收入来源，相对规费收入或资源收入等形式收入而言，税收的法定程度更高，更有利于建立稳定有序的政府与经济、政府与社会关系，因此，应该尽可能地让政府收入结构中税收所占的比重上升。另一方面，税收来源对政府行为和政府职能行使方向具有重要影响，政府会从保护和增加税源角度考虑，对纳税人的权益进行更多保护。例如，当税收主要来自企业时，政府会重视保护企业的利益；而当税收主要来自居民时，政府会重视保护居民的利益。

目前，地方政府收入结构中，存在税收占比较低和税收划分形式不合理的问题。2020年，在地方本级一般公共预算收入中，非税收入占比达25.4%。就地方税收结构而言，增值税、企业所得税为代表的共享税是主体，两税收入占地方总税收收入的比重为58.1%。随着我国经济发展进入高质量发展阶段，当前地方税系存在不适应之处，主要有：第一，不利于经济增长方式转变。地方税系中的一些重要税种主要在生产环节课征，因此工业产能扩张不仅能推动GDP增长还能大幅增加税收收入，这就促使地方政府不顾资源环境代价，也不管产能是否过剩而极力追求工业企业规模扩张。第二，不利于政府职能转变。地方税系中的多数税种的纳税人主要是企业而非个人，地方政府为保持GDP和税收收入增长，愿意为辖区企业而非居民提供服务和保护，不利于政府职能的转变。第三，不利于财政秩序规范。地方税种筹集的税收收入规模较小，不能充分满足地方政府财力需要，迫使地方政府寻找替代财源，引发非税收入、土地财政、地方债等膨胀问题。

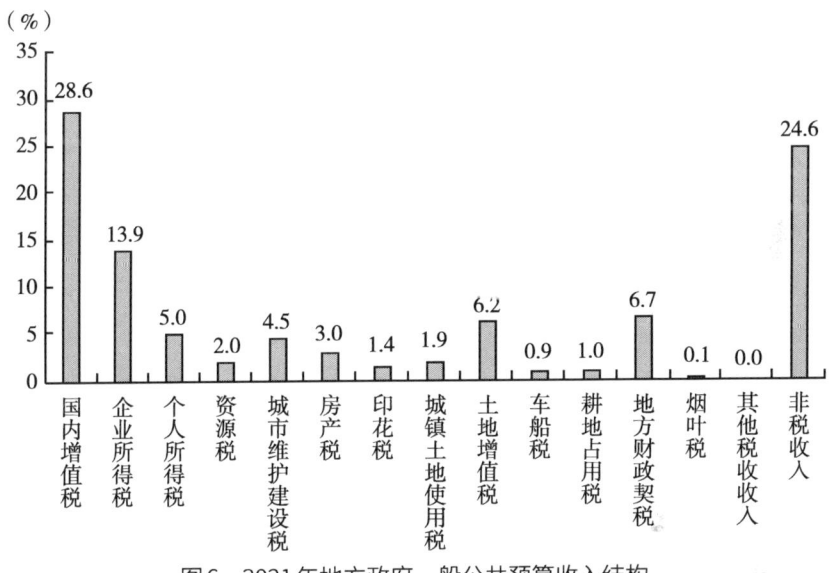

图6　2021年地方政府一般公共预算收入结构

2. 地方税系建设

地方税系建设对保障地方政府财政收入、引导地方职能发挥方向具有重要作用。一般而言，谈及地方税有两个口径：一是大口径的地方税，指不管收入是全部还是部分归属地方政府的税种均为地方税；二是小口径的地方税，仅指收入完全归属地方政府的税种。两者的区别是前者包括中央政府与地方政府间的共享税，后者则不包括，本书中所说的地方税指前者。地方税系建设有两个途径：一是设立地方税种，二是完善中央与地方税收共享规则。

第一，设立地方税种。目前关于设立地方税种的主要思路集中在房地产税和消费税改革上，但是每个方案均有其利弊。房地产税是针对居民拥有房地产所征的一种税，它的计税依据是房地产评估价值。虽然世界上很多国家开征房地产税并作为地方税，但是各国国情不同，客观看，中国开征房地产税存在不小的挑战。包括税收征管成本高、房地产税的功能定位仍存在争议、居民房产的产权形式多样等。消费税是以纳税人消费品消费额为课税对象征收的一种税。依照征税范围的差别，消费税可分为一般消费税和选择性消费税，我国采用的是选择性消费税。如税收征管机制会出现较大漏洞、易引发横向税收竞争，税收收入规模可能有限等。

第二，完善中央与地方税收共享规则。中国主要税种增值税和企业所得税都是共享税，在未来相当长一段时间内，这两大税种作为全国和地方主体税种的地位不会改变，要满足地方政府财政收入需要和建设地方税系，仍需要考虑如何完善增值税和企业所得税分享规则。2016年我国全面实施"营改增"后，政府间主体税种的税收分成方案如何调整已成为迫在眉睫的重要问题，按生产地原则扩大地方分享比重，实际上不利于经济增长方式的转变。为此，在分税制度改革上，应考虑按消费地原则实行重要税种分享，这也是世界普遍做法，这有利于地方政府形成为消费者服务（实际上主要是为辖区居民）、而非为生产者服务的理念。

(三) 省以下财政体制改革

1994年实行分税制以来,我国各省比照中央对地方的分税制模式,陆续调整了省以下财政体制,调动了各级地方政府发展经济和组织收入的积极性,基本保证了各级地方政府正常运转和各项事业发展的资金需要。但是,受多种因素的影响,省以下财政管理体制也存在一些问题,如按企业隶属关系划分收入妨碍了企业的公平竞争,地区间财力差距呈扩大趋势,一些基层政府财政运转困难等。彻底解决这些问题,治本之策是促进地区经济均衡发展,转变政府职能,调整财政支出结构,量力而行办各项事业。从财政工作看,需要进一步完善省以下财政管理体制。

完善省以下财政管理体制应坚持以下原则:一是突出重点,适当增强财政困难县(含县级市、旗,下同)、乡(含镇、苏木,下同)的财力;二是积极稳妥,在采取有效措施完善省以下财政管理体制的同时,保证各级地方财政的平稳运行,省以下财力调整主要通过增量进行;三是简明规范,在确保完善财政管理体制目标实现的前提下,办法力求简单透明,统一规范,便于操作。

省以下财政体制改革分为五个方面:一是依法界定各级政府的事权范围,合理界定省以下各级政府的事权范围和财政支出责任。二是合理划分省以下各级政府财政收入,各地要根据各级政府的财政支出责任以及收入分布结构,合理确定各级政府财政收入占全省财政收入的比重。三是进一步规范省以下转移支付制度,省、市级财政要采取有效措施，切实帮助解决县、乡财政困难。四是根据乡经济状况合理确定乡财政体制，区别对待，妥善处理县与乡的财政分配关系，避免向乡财政转嫁支出。五是强化财政预算管理，提高财政资金使用效率。

"健全现代预算制度研究"论坛
观点摘编

2022年12月30日，由中国国家预算治理研究联盟、山东大学国家治理研究院、山东大学经济学院、山东大学公共经济与公共政策研究中心联合主办的"国家治理高端论坛之财政治理子论坛暨第十六届（2022）公共经济与公共政策研究论坛"线上举行，论坛主题是"健全现代预算制度研究"。山东大学原校长、中国国家预算治理研究联盟理事长、山东大学国家治理研究院院长樊丽明，中国财政科学研究院院长刘尚希，全国人大常委会预算工委预决算审查室主任何成军，江西财经大学原党委书记王乔，中国社科院财经战略研究院副院长杨志勇，山东大学副校长吴臻出席论坛。现将论坛嘉宾主要发言观点摘录如下，以飨读者。

关于预算制度改革的几点思考

刘尚希

预算问题是一个跨学科的问题。政治学、经济学、社会学等不同的学科都在研究预算的问题。从国家治理角度看，是更综合性的研究。首先要厘清两个概念，一个是预算制度，另一个是预算管理制度。这两个概念时常被混淆，实际上这是两个不同的概念，而且层次不一样。预算制度是一个基本概念，嵌入底层逻辑，而预算管理制度是在预算制度基础之上、基于管理需要形成的一系列制度安排。预算制度简单来说是就国家对预算权力作出的法律规定和基本制度安排，核心是民意机关，也就是立法部门与行政部门之间的预算权划分，以及央地之间的预算权划分。

目前，预算的核心问题之一是如何将预算权在立法机关和行政部门之间作出适当制度安排，核心问题之二是央地之间的预算权划分。一般把央地之间的预算权划分归为财政体制，但也并非完全相等。这里涉及国家治理的横向架构和纵向架构。

国家治理实际上是国家治理的结构问题。从大的方面来讲，分为国家与市场、国家与社会以及中央与地方三个维度的关系，无论是哪一个维度，都涉及财政问题。财政运行的核心就是预算问题。从国家治理结构角度来看，预算制度是嵌入到国家治理结构当中的。

此外，公共部门内部之间也有一个治理的结构问题。在我们国家实际上是四权，在党的领导之下，有立法权、行政权、司法权和监察权。从预算这个角度来说，核心问题是立法机关和行政部门之间的预算权划分，从中央来说就是全国人大和国务院之间的预算权划分。

预算权力从一般的意义上讲包括编制权、执行权、审查和批准权、监督权。预算的编制权、执行权按照规定赋予行政部门。审查和批准权是在立法部门，监督权在立法部门。所以从这点来讲，权力怎么划分以形成一种制衡，其实就是一个预算治理的结构。整体来说，我们国家立法部门的预算权力实际上是偏弱的，行政部门的预算权力实际上偏强。下一步怎么样适当扩大立法机关的预算权力，是全面依法治国的需要，也是全面依法治国的一个基础。

纵向的预算安排是一级政府一级预算，地方赤字、发债是需要中央授权的。从治理的角度来看或者说从治理分权的角度来看，我们国家只有两级财政，因为地方税的征税权，地方债的发债权都在省这一级。

预算管理制度其实是行政部门，也就是狭义政府对预算管理权限、管理原则、管理方法所作出的制度安排，核心是财政部门与非财政部门之间的预算权限划分问题。

所以预算制度和预算管理制度是作为两个层次的两个概念，不能混用，必须要分开。党的十八大以来我国预算制度改革取得的一些进展，2015年实施的新预算法，实际上属于预算制度的法制化，把预算制度变成了一个法律。新的预算法有一个实质性的转变，即预算从政府手中分配资金的工具，变为了约束政府的制度安排。其他的一些改革，实际上都是从预算管理制度层面颁布的一系列文件，比如预算绩效管理、深化预算管理制度改革之类，都是从预算管理制度或者说从行政部门角度去实施的预算改革，不属于底层的预算制度改革。我们不能把重心放在预算管理制度方面，整个预算管理制度的改革其实取决于预算制度改革的深化。

我国预算制度深化改革面临的挑战。其一是法制化程度低，缺少财政基本法，预算法在执行过程中受到其他一些法律法规的掣肘。其二是预算的约束力较弱，预算调整的随意性较大。其三是预算与政策的融合程度较低，政策单边突进，预算被动跟进。其四是预算在公共资源配置中的决定性作用没有发挥出来，预算的宏观配置能力比较弱，资金碎片化、存量固化。其五是预算的完整性与数据公开方面，表现为形式上完整，实质上不完整。其六是预算的会计基础、统计基础、法律基础不健全。

预算制度改革的三点思考。第一是要考虑到当前"风险社会"的来临。疫情给我们思考"风险社会"提供了一个现实的案例，我们现在就面临着极大的不确定性，所以预算制度的改革要放在"风险社会"大背景去考虑。第二是构建确定性，预算因公共风险而存在，因对冲公共风险而显现功能。第三是构建以风险为导向的预算。一方面，预算制度改革要考虑到政治风险、经济风险、社会风险，甚至法律风险，各个方面都要考虑。预算制度的政治风险表面上可能是比较隐性的，如果对公权的约束和对民权的保护不到位的话，政治风险会慢慢累积。另一方面，对其他的预算管理制度也需要进行重新思考，尤其是预算绩效，要厘清预算绩效到底指的是什么。风险社会是人类社会面临的大趋势，应从风险的视角来编制预算、执行预算和审查预算。

加快预算改革的基础工程建设

杨志勇

预算改革的目标从理论上说是为了进一步提高财政资金的使用效率，但预算改革在执行过程中牵涉到一些基础工程建设问题，涉及的利益层面也很多，可以先从技术层面加快推进。

第一点是要加快建立健全政府综合财务报告体系。政府综合财务报告体系的内容范围广，最基本的是政府资产负债表。各地试编政府资产负债表等取得了很大进展，但仍有较大提升空间。不断健全政府综合财务报告体系，有助于更加准确地评价财政运行风险、财政可持续性和财政政策空间。

第二点是要加快公共部门财务管理制度改革。预算执行的问题中很多涉及预算编制问题，必须要加强公共部门财务管理制度改革。比如进一步完善机关事业单位财务会计制度改革，制定更加合理的财政支出标准。公共部门财务管理制度改革要超越一般的财务管理，要与公共部门的改革联系在一起，涉及机构改革以及支出观念的改革。

第三点是财政管理改革。财政管理改革是一个整体的改革，与预算直接相关。比如提高财政资金效率的国库现金管理制度改革，比如更好利用信息技术的财政资金直达机制的常态化、预算管理一体化改革，对改善预算管理效率都有帮助。

第四点是预算的规范透明。我国强调全过程人民民主，在预算监督里也有体现，通过规范透明、公开数据让更多人参与预算监督，有助于弥补预算绩效管理的指标评价缺陷。

健全现代预算制度：回顾与前瞻

樊丽明

回顾我国新时代建立现代预算制度的进程，有两个趋势特别值得关注。一是在国家治理体系和治理能力现代化总目标下，现代预算制度改革建设依照政府机构和立法监督机构为主的两条密切关联、相互作用、相辅相成的脉络展开，呈现出加速度态势，形成"双螺旋模式"。二是我国建立现代预算制度的改革遵循"全面规范透明、标准科学、约束有力，全面加强绩效管理"的总体要求进行，沿着"规范管理、提高绩效、提升能力"的主题主线和递进逻辑发展，以规范管理为切入点，以提高绩效为目的，以预算能力提升为新着力点，逐步深化细化，预算治理体系和治理能力现代化水平逐步提高。

党的二十大报告明确提出了"健全现代预算制度"的目标任务。这是基于现代预算制度框架已经基本建立的判断，适应复杂的国内外形势，实现党的二十大确立的战略目标的要求。下一步健全现代预算制度，应该从更深的层次、以更系统的设计和更大的力度，将重点从全面规范推进到全面提高绩效水平,进一步增强预算能力。第一,健全预算统筹能力,增强国家战略任务的保障力。财力统筹能力显得尤其重要,包括四本预算的统筹能力,增量存量的统筹能力,资金资产资源的统筹能力,以及支出结构的调整能力。第二,健全预算支出标准,增强公共服务供给均等化的能力。这既是规范管理的需要,更是在实现中国式现代化进程中增强财政预算对公共服务供给均等化的保障能力和调控能力的需要。第三,健全预算执行制度,提高财政支出绩效水平。优化预算绩效管理,要注重处理好项目绩效管理与政策绩效评价、深化细化与科学化、控制性与创新性的关系。推进预算管理一体化,完善财政资金直达机制。加强预决算公开制度落地落实。第四,防范化解财政风险,增强财政可持续发展能力。健全跨年度预算平衡制度,防范和化解债务风险,加强社保精算和制度研究。第五,健全预算监督制度,增强预算协同监督效能。夯实民主法制的监督思想基础,健全多主体协同监督制度,健全全过程监督整体效能制度。

疫情对OECD国家预算影响的政治经济学分析

何达基

在2020年初新冠疫情暴发前期,经济放缓、企业倒闭的威胁和失业浪潮促使各国政府采取对策,在6个月内很多欧美国家采取各种措施、通过法案来应对各种需要。观察部分国家在此期间采取的措施和这些措施占GDP的比重可知,各国普遍增加卫生领域支出,并补贴企业和个人的需求,或者帮助环保企业推动产业改造。当然,不同国家对疫情的反应和采取的措施也有很大不同。例如,2020年3月德国降低了支付的养老保险金金额;4月,美国增加援助金额帮助小企业,很多国家都出台了方案来帮助企业。

对比OECD国家在疫情前后的债务规模,可以发现,疫情之后债务增长很多。特别是日本,在疫情前债务就很高,疫情发生后增长已经超过250%,同样,意大利、希腊等国家支出也很多。

不同国家对疫情刺激的支出的升幅也很有趣,例如日本,原来的债务就很高,疫情期间财政刺激政策的花费竟然达到GDP的45%左右；德国在疫情后期的花费则较为平衡；荷兰原来是一个财政政策保守的国家，债务在欧美国家中比较低，但是后来疫情刺激的支出也从GDP的12%升至20%。当时在欧美国家也存在争论，很多国家都借债来应对疫情，荷兰的债务比较低也通过这种方式增加了很多应对COVID的财政资金。

有很多因素影响这些国家的应对和财政刺激措施，既有政治、经济、体制等因素，也有预算能力、立法机关对财政监督、公开透明等因素。从欧美国家的经验出发，初步结果发现，疫情之前债务越高的国家，应对疫情财政刺激措施的开支就越高。在议会体制下，即行政和立法机关同属一个政党时，可能因为其通过法案较为顺利，其财政刺激措施的开支相对其他体制更高。另外，公开透明和财政监督是非常必要的，一个国家如果有财政风险的公开报告或长期财政计划，则在一定程度上会压低疫情财政刺激措施的开支。

后疫情时代欧美国家财政可持续性问题特别值得引起关注。许多国家面临的一个关键挑战将是如何处理已被破坏的预算平衡和发债限制的规则与监管框架，重新建立稳健的财政制度和中期预算框架，都非常重要。

另外，今后我们国家在国际舞台上将会有更多的领导的角色，我们怎么处理预算，怎么投入可持续发展，怎么帮助其他国家，这也是在疫情后预算改革需要更多关注的。

健全现代预算制度的对象及路径

李 明

要回答健全现代预算制度的对象是什么，第一是要搞清楚现代预算制度的基本内涵，综合党的十八大以来的改革部署，重点包括预算体系、预算控制和约束机制、预算资金配置机制、公开透明制度体系等方面。第二是要搞清楚当前突出的矛盾与问题，综合看，重点是财政资源统筹问题、预算控制和约束问题、资源配置和使用效率问题。

未来健全现代预算制度的重心，一是深化非财政拨款收入管理以及完善人员编制、资产管理与预算管理相结合的机制；二是健全资源配置效率制度，包括转换绩效管理重心、优化支出结构；三是严格规范预算调整调剂；四是推进预算公开标准化以及加大预算知识普及。

评价现代预算制度健全与否，需要区分治理体系和治理效能两个概念。治理体系指制度体系，我国制度体系相对较为完备，更应该关心的是治理效能，也就是这些制度体系执行和实施的效果的情况，这是判断现代预算制度健全与否的最关键标准。

健全现代预算制度的重要领域与关键环节

李一花

一、我国预算制度改革的进展成效

从20世纪80年代的市场化改革，到90年代的税制改革、分税制改革，大大提升了预算的汲取能力，也理顺了中央和地方的财政关系。财政改革首要的一个目标，就是解决财政收入规模问题，即预算的汲取能力。1998年开始的公共财政改革，开始搭建现代预算管理的基本框架；2005年后财政民生支出大幅提升，民生财政对预算的配置结构产生了重要的影响。作为预算制度，首先是财力汲取问题，然后是预算资金配置问题。党的十八届三中全会之后，全口径预算改革、预算公开透明、预算绩效改革密集推出，人大监督、审计监督、财政部门内部监督以及问责机制等多维一体的预算监督体系的建立，大大地推动了现代预算制度的建设。

预算制度包括两个层次，第一个层次是立法部门对行政部门的约束,也就是中国的人大监督方面。第二个层次就是具体的预算管理方面。从总体的中国预算制度改革逻辑来说,这两个层次是密不可分的。从当前阶段来说,我们面临着非常大的财政压力以及复杂的国内外的政治经济环境。同时,中国面临艰巨的发展任务,对深化预算制度改革,健全现代预算制度提出了明确的要求,所以预算制度的改革围绕综合统筹、规范透明、约束有力、讲求绩效、持续安全目标进行现代预算制度的建设已刻不容缓。

中国的现代预算制度的建设,实际上是围绕着市场化起点的公共财政改革、民生财政改革以及民主财政改革推动的。20世纪初有些地方启动了参与式预算改革,所以民主化、法制化、透明化、规范化是中国预算制度改革进程的基本特征。

二、健全现代预算制度的重要领域

当前阶段建立健全现代预算制度,其重要领域主要是两个方面:一个就是收入端,就是从财政资源的统筹和收入制度的优化入手。另一个则是财政支出端。

收入端,加强财政资源统筹和收入制度优化。一是强化"四本"预算统筹。加强一般公共预算收入的统筹,全面落实取消一般公共预算中以收定支的规定,加快政府性基金收入转列一般公共预算的统筹力度,合理确定国有资本收益上交比例,稳步提高社会保险基金统筹层次。从政府性资源统筹看,包括结余资金的收回的使用、闲置资产的调剂使用，新增资产和资产存量的挂钩，以及存量资金与下年预算安排的紧密挂钩问题，这些方面在执行层面还是有空间的。财政拨款和非财政拨款收入的统筹，对有些部门实际上是非常突出的问题，如医疗卫生部门的非财政拨款收入实际上大大高于财政拨款收入。2021年国务院5号文件要求非财政拨款收入要纳入预算管理，如果不纳入预算，就不能安排支出。从统筹财力来看，应进一步要求，如果非财政拨款收入可以满足支出需要的时候，就不应再申请财政拨款。二是优化税制结构方面。包括健全以所得税和财产税为主体的直接税体系，深化增值税制度改革，健全地方税体系，加快培育地方税源，保障地方公共服务能力等。

健全现代预算制度的另一端是财政支出领域的改革。一是合理安排支出预算规模。坚持量入为出和运用零基预算理念，打破支出固化僵化格局，合理确定支出预算规模。二是大力优化财政支出结构。加大对教育、科技、就业和社会保障、卫生健康、农业农村、生态环保等重点领域的保障力度，坚持"三保"支出在财政支出中的优先顺序。三是完善财政转移支付体系。四是推进支出标准体系建设。

三、健全现代预算制度的关键环节

进一步完善预算管理制度。一是改进政府预算编制。上级政府应当依法依规提前下达转移支付和新增地方政府债务限额预计数，增强地方预算编制的完整性、主动性。二是健全预算执行管理体系。严格预算控制、核算、决算，强化人大监督、审计监督、财政部门自我监督、社会监督等多种监督机制与预算执行的结合。三是深化预算绩效管理。加快构建全方位、全过程、全覆盖的预算绩效管理体系，强化事前绩效评估，严格绩效目标管理，完善预算绩效指标体系，提升绩效评价质量。扩大重点绩效评价范围，推进部门和单位整体支出绩效评价，探索开展政府收入绩效管理。加强绩效评价结果运用，促进绩效评价结果与完善政策、安排预算和改进管理相结合。

增强财政可持续能力。一是防范化解政府债务风险。坚决遏制隐性债务增量，妥善化解存量，逐步实现隐性债务显性化和预算内外债务统一监管。二是保持县区财政平稳运行。三是建立健全财政承受能力评估机制。

夯实现代预算治理基础。一是加强跨年度预算平衡。强化跨周期、逆周期调节，科学安排赤字、债务规模，将政府杠杆率控制在合理水平。加强中期财政规划管理。二是完善政府财务报告体系。建立完善权责发生制政府综合财务报告制度，全面客观反映政府资产负债与财政可持续性情况。三是加强预决算公开。四是全面推进预算管理一体化。

以协商民主推动地方人大预算监督能力提升

周振超

党的二十大报告指出要健全现代预算制度。对标对表落实中央要求，有大量的工作要做，相应地，学术界也要讲好故事，归纳提炼影响现代预算制度的深层次结构，针对现实问题提出对策组合。

近年来，各地人大在推动政府预算公开，实行人大和政府共享财政信息，完善初步审查环节，改善预算权力结构等方面迈出了坚实的步伐。法治建设、审计监督工作呈现新气象，同时我们也要看到与"健全现代预算制度""实施全面规范、公开透明的预算制度"的要求相比，目前还存在部分人大预算监督能力不强、相当一部分地方人大无法实质性审查政府账本等问题。

在人大预算监督方面，我们发现有几个不平衡的现象：一是地方人大的预算监督能力低于全国人大；二是各地方人大的预算监督能力存在很大的差别；三是基层单位和乡镇对人大对预算普遍不重视，多数时候都是把预算当成财务工作，基层政府和单位的预算监督能力又低于地方人大；四是一些地方采取了一些有效的措施，但是创新很难持久。

地方人大监督政府预算不仅是人大和政府之间的关系，而且是国家治理体系各主体之间的关系。提升地方人大的预算监督能力，实际上是涉及国家治理体系中各权力结构之间的调整甚至重构，是一个长期的过程，我们需要坚持以时间换空间的思路。人大在监督政府钱袋子方面是否有效、有为、有位，取决于人大在政治生活中的总体定位、法律规则、预算权力结构、人大的监督手段和方式、人大自身的组织和监督能力等很多因素。

各地人大的预算监督能力和协商民主落实的程度有比较大的关联。审视地方人大的预算监督能力除了在人大自身寻找原因外，还应该打开视野，从相对宏观体系中寻找更深层次的影响变量。政府预算涉及每个公民和具体政府部门的切身利益。预算的编制、执行和监督是一个在党的领导下各政治权力结构多元互动的过程，是一个协商的过程。因此，全面发展协商民主，进而在预算中践行全过程人民民主的理念，能够有效推动地方人大预算监督能力的提升。

寻求共识是中国地方人大预算监督的一个价值遵循。制度的价值取向不同，也决定了我们分析中国地方人大预算监督不能简单套用基于西方制衡理念形成的预算监督理论，否则我们难以准确讲述中国故事，更不用说解读。中国成功的实践，为理论研究提供了一个实验室，借助这个实验室，我们在学术上可以检验已有的理念，发展新的概念理论和分析框架，进而形成把中国成功实践说清楚讲明白的理论。但是我们也不能自说自话甚至不对话。在研究中国问题的过程中，要在不同的话语和知识体系的对话中有所创新。

预算监督制度要符合该国国家治理体系的基本价值理念，共识可能就成了我国地方人大预算监督一个基本的价值遵循。相反，制衡是西方议会预算监督的价值理念。从理论上来说，中国地方人大预算监督的价值目标并不是制约或者制衡政府，而是为了保障公共预算的合理化，而这个目的与行政机关的价值诉求具有内在的一致性。

人大和政府这些年形成了良性互动，关键之一是有共识这一基本前提的存在。寻求共识自然就成为我国地方人大预算监督的基本理念。无论是政府的预算改革，还是人大预算监督提前介入以及初审，基本上都是为了寻求在预算监督中的共识。所以协商民主是形成共识的民主，这与西方关注权力制衡有明显的不同。

把协商民主作为人大预算监督能力的分析框架，需要明确地界定协商民主的一些关键要素，通过对话形成共识。对话、协商本身就意味着民主。一般情况下，完整的协商程序包括谁参与、什么时间、怎么协商、协商什么、协商结果有什么用等。在地方人大监督政府预算上商量得越多、越深入越好。各方面广泛协商的过程，就是找到最大公约数、发扬民主、集思广益的过程。

第一，全方位推动人大和政府间的协商。预算监督的本质是政治。提升地方人大预算监督能力一个可行的目标是争取党委重视和政府尊重、在政府部门预算中树立权威。人大监督政府预算不是为监督而监督，目的是在党的领导下推动现代化建设事业的发展。人大和政府总体上是相互配合、相互支持、相互理解的关系。人大预算监督的角色定位是寓支持于监督。协商民主是实践全过程人民民主的重要形式。全面发展协商民主，能够有效提升地方人大监督政府预算的能力。我们应该用机制创新和一个个具体的行动，推动预算权力结构的逐步调整，通过一个个微小调整，点滴改良，不断增强人大监督的刚性。第二，完善人大内部的协商机制。有效果比有道理更重要，改进地方人民代表大会的工作流程，更好地收集整理和汇总各代表团的意见，完善预算报告审议表决的程序。第三，跟踪问效，改变文来文往的现象，健全二次审议、满意度测评等制度。第四，加强各个委员会的沟通。加强人大财经委（常委会预算工委）与人大各专门委员会、政府财政部门和审计部门的沟通协调机制；在初审环节尽可能多地安排更多的人大代表参与初审；人大初审政府预算时，邀请相关专门委员会参加并发表意见，邀请预算资金相关方共同审议。通过面对面地沟通、交流，促进协商民主。第五，坚持党的领导、统一战线、协商民主有机结合，认真听取政协委员的意见。第六，推进协商民主广泛多层制度化发展。对政府预算的监督还要有广泛的公众参与。在政府与民众的互动中增进相互理解。开门编预算，不断扩大参与主体，增加参与环节，健全参与途径。例如，允许感兴趣的公众列席相关预算安排和审议的会议。

后　记

今日雨水。今年的春天格外让人期待，今年的春雨格外感觉珍贵，让人不由得想起杜甫的诗句，"好雨知时节，当春乃发生。随风潜入夜，润物细无声。"

"中国国家预算治理大讲堂"是中国国家预算治理研究联盟推出的首个重点项目。党的十九届四中全会作出《中共中央关于坚持和完善中国特色社会主义制度、推进国家治理体系和治理能力现代化若干重大问题的决定》，深刻总结了我党治国理政的宝贵经验，系统阐述了中国特色社会主义的制度优势，全面部署了推进国家治理体系和治理能力现代化的各项重大任务，意义重大，影响深远。

2021年12月，致力于国家预算治理的研究教学，来自30余所教学科研单位的经济学、政治学、法学、公共管理学界的近百名学者齐聚一堂，成立中国国家预算治理研究联盟。其背景和意义在于：第一，加强国家预算治理是时代要求。财政是国家治理的基础和重要支柱。国家预算作为财政的核心，不仅集中反映国家活动的范围和方向，而且与人民利益和公共需求息息相关。国家预算的公共性、透明化、民主化和法治化是现代国家预算的鲜明特征。改革开放以来尤其是党的十八大以来,中国预算管理制度在全面规范、民主法治、公开透明、加强监督、提高绩效等方面取得了历史性进步,形成了具有中国特色的预算管理模式。面向建设社会主义现代化强国新目标,深化中国特色预算管理改革,提升人大预算审查监督效能,推进国家预算治理体系和治理能力现代化,任重道远,时不我待。第二,加强国家预算治理协同研究是大势所趋。国家预算治理研究涉及政治学、经济学、法学、公共管理学等多个学科,需要专家学者增进跨学科交流,组织跨学科协同。国家预算治理研究既要创新理论,也要总结实践,需要学界政界协同。地方政府预算治理改革探索各具特色,深化研究需要各地专家学者协同。加强协同研究,持续增进交流,利于共同提高,利于推动创新,是我们的共同选择。第三,推动国家预算治理理论与实践创新是使命责任。发起成立中国国家预算治理研究联盟,旨在凝聚各方力量,共同推动新时代国家预算治理的理论创新和实践创新。我们将在理论研究上实现协同,增强研究合力,交叉融合创新;我们将在学术交流上实现协同,联合举办论坛,增进学术交流;我们将在智库建设上实现协同,基于专业调研,积极建言献策;我们将在人才培养上实现协同,共建共享资源,助力学生成长;我们将在专题培训上实现协同,创新培训模式,提高培训质量。联盟成立伊始,我们即创设"中国国家预算治理大讲堂",旨在构建一个专业性、交叉性、高端性、开放性、公益性的学术交流平台。

中国国家预算治理大讲堂是多学科学者和社会人士参与的思想交

流平台。该讲堂自2022年初创设,当年即举办了十讲。演讲主题主要聚焦国家治理基本理论、中国财政预算治理、税收法定主义、现代预算权中的人民主体地位等相关问题,主讲嘉宾均为来自相关高校和科研机构的经济学、政治学、法学、公共管理学等学科的高水平专家,听众亦是多所高校、科研机构、政府机构、中介机构的专业人士,以及范围更广的社会公众。由于受到新冠疫情影响,全年大讲堂除了第一次在中央财经大学、山东大学设立主会场、线下线上相结合以外,其余各场均以线上形式举行。但这丝毫没有影响听众的热情,听众反而呈现不断增长的趋势。专家报告立意高、材料实、观点新,受到普遍好评,互动环节也是精彩纷呈,留言区活跃的气氛及留待未来解答的问题给人留下深刻印象。

《国家预算治理大讲堂2022》是对该年度专业讲座的忠实记录。为了如实记录中国国家预算治理大讲堂一年的历程,让更多人分享思想,从中受益,征得主讲嘉宾同意,我们整理编辑演讲稿,正式出版《国家预算治理大讲堂2022》。笔者以为,从一个更长的历史视角看,这本演讲集不仅是新时代中国国家治理理论发展的一个侧记,而且是中国国家治理体系和治理能力现代化历史进程的一个缩影。本书可为经济学、政治学、公共管理等领域研究人员提供国家预算治理方面的参考资料,也可作为高校国家治理相关专业方向研究生、国家预算治理相关人员的教学参考书或培训读物。

在《国家预算治理大讲堂2022》即将付梓之际,首先要特别感谢中央财经大学的马海涛教授、北京大学的王浦劬教授、中国财政科学研究院的刘尚希研究员、中国人民大学的朱大旗教授、浙江财经大学的钟晓敏教授、南开大学的马蔡琛教授、北京大学的刘剑文教授、暨南大学的林慕华教授、中国人民大学的吕冰洋教授等各位主讲嘉宾的鼎力支持。此外，非常感谢中国国家预算治理研究联盟秘书处石绍宾、汤玉刚、姜爱华教授的无私奉献，衷心感谢鞠镇远、钟芸、史晓琴、于晓倩、孙超、丁冠森、丁文文、齐菁华等博士生整理文稿的辛勤付出，诚挚感谢中国财经出版传媒集团、中国财政经济出版社的专业服务。

期待大讲堂越办越好，专家演讲精彩纷呈，助力中国国家治理现代化进程！

2023年2月19日